사진 작가
최민식

뭘 그렇게
찍으세요

종이 거울 속의 슬픈 얼굴

유럽인이 만든 작은 사진기에 미국 코닥사의 흑백 필름을 넣어 어깨에 둘러메고 50년대 중반부터 조국의 모습을 카메라에 담기 위해 거리로 나섰다.
그러나 어이없게도 내가 '카메라'라는 도구로 눈을 들이댔을 때 들어온 것은 다름 아닌 상처 입은 동족의 슬픈 얼굴이었다.

- 《종이 거울 속의 슬픈 얼굴》에서 -

▲ 마흔이 되어 갈 무렵 최민식 선생님 모습.

▲ 쉰 살 무렵의 최민식 선생님.

▲ 선생님은 한결같이 흑백 필름을 고집한다. 카메라를 손질하는 최민식 선생님.

사진기는 육체와 정신이 없다

사진기는 그저 무엇인가를 바라보는 눈만 가지고 있을 뿐이다.
하지만 사진 작가의 눈은 무엇이 핵심인지, 무엇이 진실인지를 꿰뚫어야 한다.
중요한 것은 사진을 잘 찍기 위한 기술이 아니라, 보는 사람의 마음을 움직일 수 있게 하는 사진 작가의 마음이다.

▲ 진실을 꿰뚫어볼 수 있는 눈을 기르기 위해서는 책을 읽어야 한다고 선생님은 늘 강조한다.

▲ 선생님은 여든이 다 되어 가는 지금도 부산 지역 여러 대학에서 학생들에게 강의를 한다.

▲ 언제 어디서건 선생님은 사진을 찍을 준비가 되어 있다.

우리 인물 이야기 06

사진 작가 최민식 _
뭘 그렇게 찍으세요

2006년 11월 20일 처음 펴냄
2016년 12월 10일 6쇄 펴냄

지은이 • 강무지
그린이 • 한지선
펴낸이 • 신명철
펴낸곳 • (주)우리교육
등록 • 제 313-2001-52호
주소 • 03993 서울시 마포구 월드컵북로 6길 46
전화 • 02-3142-6770
팩스 • 02-3142-6772
홈페이지 • www.uriedu.co.kr
제조국명 • 대한민국
사용연령 • 12세 이상
주의사항 • 종이에 베이거나 긁히지 않도록 조심하세요.
　　　　　책 모서리가 날카로우니 던지거나 떨어뜨리지 마세요.

· 잘못된 책은 바꾸어 드립니다.
· 이 책의 내용을 쓰려면 반드시 저작권자와 (주)우리교육에 허락을 받아야 합니다.
· 책값은 뒤표지에 있습니다.

ⓒ 강무지, 한지선, 2006
ISBN 978-89-8040-726-2　74810
　　　978-89-8040-754-5 (세트)

이 책의 국립중앙도서관 출판시도서목록(CIP)은 e-CIP 홈페이지(http://www.nl.go.kr/cip.php)에서 이용할 수 있습니다.
(CIP제어번호 : CIP2006002324)

사진 작가
최민식

뭘 그렇게
찍으세요

강무지 지음 | 한지선 그림

우리교육

내가 찍은 휴먼 다큐멘터리

그러니까 나에게 주어진 일은 어느 예술가의 이야기를 글로 적는 것이었습니다.

그 사람이 무엇을 하며 어떻게 살았는지, 부풀리거나 보태지 않고 이야기하는 것이지요. 그런 뜻에서 본다면 나는 다큐멘터리 영화 한 편을 혼자 찍었다고나 할까요. 내 작품의 주제는 〈자신의 뜻을 굽히지 않고 오로지 한 길을 걸어간 인생〉이었고, 작품의 주인공은 〈사진 작가 최민식〉이었습니다.

누구나 그렇듯이, 나는 나의 다큐멘터리 작품을 잘 만들고 싶었습니다. 좋은 글을 쓰고 싶었습니다. 하지만 작품을 다 만들고 난 지금 돌아보건대, 주인공 최민식 선생님의 인생이 내 욕심만큼 잘 드러나지 않은 것 같아 조금 아쉽습니다.

최민식 선생님은 본인 스스로가 뼈저리게 가난을 체험했고, 일제시대와 한국전쟁, 그리고 군사독재 시절을 겪었으며, 같은 시대를 산 수많은 이웃들을 평생 사진기에 담은 분입니다. 가난 속에서도 정직하고 성실하게 살고자 노력했던 많은 사람들을 말이지요.

한 가지 뜻으로 사진 작품에 바친 오십 년의 시간.

　수천 수만 장의 사진들.
　얼마나 많은 괴로움을 딛고, 또 딛고 일어섰을까요.
　나는 한 예술가의 고뇌를 여러분들에게 이야기해 주고 싶었습니다. 선생님이 무엇을 그토록 찾아 헤매며 사진에 담으려고 했는지 그 까닭을 들려주고 싶었습니다.
　이 책을 읽은 여러분들이 엉성한 내 이야기 속에서 선생의 뜻을 조금이나마 느낄 수 있다면 정말 좋겠습니다. 선생님의 사진을 통해 우리가 세상을 살아 가면서 품어야 할 조그마한 씨앗 하나를 찾을 수 있다면 최 선생님도 무척 기뻐하실 겁니다.

　본문에 〈아버지 가난을 팔지 마세요〉는 최민식 선생님이 쓴 《종이거울 속의 슬픈 얼굴》에서 제목과 내용을 많이 빌어왔음을 밝힙니다.
　뜻있는 작업의 기회를 주신 우리교육 출판사와 작업 내내 도와주신 나익수 편집자님, 삽화 그려 주신 한지선 선생님께 감사 드립니다.

2006년 10월 산골마을에서 강무지

차례

내가 찍은 휴먼 다큐멘터리 • 8

뭘 그렇게 찍으세요, 선생님 • 12

아버지, 아버지 • 20

화가가 되겠다는 희망 하나로 • 33

밀항 • 46

세상에 이런 사진도 있었단 말인가 • 58

무엇을 어떻게 찍을 것인가 • 70

저는 예술을 할 뿐입니다 • 81

당신, 간첩 아니오? • 96

태종대 자살바위에 오르다 • 107

임세바스틴 신부를 만나다 • 118

아버지, 가난을 팔지 마세요 • 132

사진, 사진, 사진 • 138

인터뷰 • 150

 뭘 그렇게 찍으세요 선생님

　부산 대학교 앞에서 선생님을 두 번째로 만나는 날이었어요.

　최민식 선생은 올해로 연세가 일흔아홉.

　오로지 사진에 바친 시간만 해도 오십 년.

　그러니 선생님에게서 들을 이야기가 얼마나 많았겠어요. 조용한 찻집에서 전에 못 다한 이야기를 듣고, 녹음하고, 또 따로 적기도 했습니다.

그 동안 개인 사진 작품집만 해도 열두 권에다, 마흔 군데가 넘는 나라를 돌아다니면서 사진을 찍었지요, 틈틈이 사진에 대한 글을 써서 만든 책이 열 권 넘지요, 대학교 몇 군데를 다니며 학생들 가르치랴, 전국 여기저기서 사진 전시회 열고 강연하랴, 해외에서 초청받아 사진전 개최하랴……. 그 많은 일을 해 오신 선생님에게 더 찍고 싶은 사진이 있을까 싶었어요. 그런데 이 생각은 나의 착각이었습니다.

이야기를 끝내고 맛있는 점심을 사 주신다기에 찻집을 나섰습니다.

11월이 거의 끝나고 있어 그런지 날씨가 조금 추웠어요. 나는 맛난 음식점을 찾아 두리번거리면서, 나도 모르게 자꾸 외투를 여미고 있을 때였어요. 찰칵!

가방에서 언제 꺼냈는지 카메라를 눈에 바짝 대고는 재빠르게 앵글을 돌리고 있는 최민식 선생님. 또 찰칵!

'뭘 찍으시나?'

내 눈이 카메라 끝을 따라 가는 사이에 또 찰칵! 찰칵!

선생은 손수레를 끌고 오는 어떤 할아버지를 찍고 있었습니다. 손수레 위에는 겹겹이 포개고 올린 상자가 할아버지 키보다 높아 보였어요.

최 선생님은 허름한 점퍼 차림으로 건널목을 막 건넌 그 할아버지와 무거운 리어카를 보고 셔터를 누른 거지요.

"와, 정말 빠르시네요."

몇 달 동안 선생님 책이나 사진을 보면서 선생님에 대해

공부를 해 온 나는 조금 겸연쩍었어요. 같은 길을 걸으면서도 나는 왜 못 보았을까.

"그럼. 내 사진은 스냅숏*작은 사진기로 순식간에 찍는 기법이라 망설일 시간이 없어요. 순간을 붙잡아야지."

"이렇게, 하루에 필름 열 통 정도를 찍으신다고요?"

"보통 그렇지. 내 가방 안에는 늘 흑백, 칼라 사진기 두 대가 들어 있으니까."

"네에……."

대답을 흐리며 어디 마땅한 식당이 없나 고개를 옆으로 돌리는 순간, 또 찰칵! 하는 소리.

풀빵 파는 아주머니였습니다.

사람 하나 겨우 들어갈 만큼 좁은 자리, 둥그렇고 시커먼 풀빵 틀, 퍼머 머리가 헝클어져 있는 아주머니. 길에서 얼마든지 만날 수 있는 풀빵 장수였어요.

'저 모습에서 뭘 느끼셨을까?'

직접 물어보려다 그만두었어요. 왜냐면,

나는 사람들의 평범한 일상을 늘 관찰하고 촬영하면서 지난 수십 년을 보내왔다. 내 힘이 허락하는 한, 이 시대를 함께하고 호흡하는 민중을 사진에 담으려 한다. 그리하여 후세에게 내가 살았던 시대의 모습을 남겨 주어 이 시대의 역사를 영원히 기록하고자 한다. 나는 인간이 인간을 사랑할 수밖에 없다는 믿음을 사진으로 고백할 뿐이다.

선생님은 벌써 사진으로, 글로 이렇게 이야기했기 때문입니다. 단지, 내가 아직 선생님의 뜻을 다 이해하지 못했다는 말이겠지요. 그러는 사이 싸고 맛좋아 보이는 스파게티 집을 찾았어요. 배도 마침 고프던 참이라 나는 앞장서서 계단을 내려갔습니다.

찰칵! 찰칵!

또 사진 찍는 소리.

명색이 한 예술가 이야기를 글로 쓰겠다고 만난 글쟁이가 아무리 배가 고파도 혼자 냉큼 들어가 음식부터 시킬 수도 없는 노릇이고, 뭘 또 찍으시나 싶어 나는 자라목이 되어 밖으로 고개를 내밀었습니다.

　이번에는 선생님이 노점상에서 귀걸이를 고르는 여대생들을 찍고 있었어요. 치마가 어찌나 짧은지 넓적다리가 다 보이는 아가씨들이었어요.

　찰칵!

　사진에 찍히는지도 모르고 깔깔거리며 웃는 여대생들을 몇 장 더 찍고 나서야 선생님은 성큼성큼 계단을 밟고 스파게티 집으로 내려갔습니다.

　"그런데 방금 저 아가씨들은 어떤 뜻으로 사진을 찍으셨습니까, 선생님?"

　나는 정말 궁금했어요. 선생님은 주로 가난한 사람들을 찍는다고 알고 있었으니까요.

　"저 모습? 섹시하잖아!"

　"예에?"

　선생님은 킬킬 웃고, 나는 한참이나 있다가 웃을 수 있었습니다.

　'최민식 선생님은 성격이 칼칼하고 굉장히 엄할 거야.'

아마 나는 몇 달 동안 최 선생님의 사진과 글을 살펴보면서 혼자 이런 생각을 했을지도 모릅니다. 그러니 선생님 앞에서 잔뜩 주눅이 들었을 테고요. 이런 내 모습을 보고 선생님이 일부러 농담을 하였는데, 정작 나는 바짝 얼어 있느라 무슨 뜻인지 헷갈렸던 거지요.

실제로 만난 선생님은 목소리도 그리 크지 않았고, 농담도 곧잘 하시는 데다, 이웃집 할아버지 같은 느낌이었지만 왜 나는 무섭고 독한 사람일 거라는 오해를 쉽게 풀지 못했을까요.

자, 그렇다면 최민식 선생님이 그 동안 어떤 사진을 찍어 왔는지 왜 그런 작품을 찍어 왔는지 그 이야기를 들려 드릴까 합니다.

선생님이 살아온 이야기 속에 그 답이 있지요.

 아버지, 아버지

　황해도 연안 읍에서 조금 떨어진 달루지 마을.
　'남대지'라는 큰 연못을 끼고 한 소년이 바쁘게 걸어갑니다. 등에 짊어진 지게에는 나무가 한짐입니다. 뒤에서 보면 큰 나뭇단이 저절로 걸어가는 것 같습니다.
　해는 질 똥 말 똥.
　소년은 초가집 흙 담을 따라 불쑥 들어가더니 마당 한 구석에 나무를 부립니다. 지게를 내려놓으려다 나뭇단의 무게를 못 이기고 엉덩방아를 쿵 찧고 맙니다.

'어이구야!'

소년은 나뭇단을 제치며 일어서려고 혼자 버둥거립니다. 열한 살 아이가 아침밥으로 나물죽 한 그릇 먹고 해거름까지 견뎠으니 지칠 만하겠지요.

소년의 이름은 민식입니다.

민식은 오그라든 배에 힘을 끙 주고는 얼른 일어났습니다. 아직 할 일이 남았습니다. 저녁밥을 안치고, 군불을 때야 합니다.

민식은 광에서 고구마를 가져와 한 솥 가득 고구마밥을 안쳤습니다.

말이 고구마밥이지 쌀은 겨우 두어 줌이고 썩썩 칼로 베고 자른 고구마가 솥 안에 거의 다입니다. 하지만 민식은 이것이라도 맛있게 먹어 댈 동생들을 생각하며 아궁이에 마른 삭정이를 뚝뚝 분질러 가며 쓸어 넣습니다.

아궁이에서 따뜻한 불기운이 전해지자, 민식은 쪼그려 앉은 채 꼬박꼬박 졸기 시작했습니다.

'얘들은 어디로 쏘다니는 거야? 뱀이라도 만나면 어쩌려고……'

아궁이 앞에서 민식은 잠결에 동생들 생각을 하며 혼자 구시렁거립니다.

늙은 할아버지와 들일 나간 어머니, 도장방에서 아직 도장 파는 일을 하고 있을 아버지 얼굴도 어렴풋이 떠오릅니다. 김이 숭숭 나는 하얀 쌀밥을 배불리 먹고 따뜻한 방에서 늘어지게 한숨 잘 수 있다면 얼마나 좋을까……. 민식은 익어 가는 고구마밥 냄새가 좋아 졸다가도 숨을 크게 들이마셨습니다.

최민식은 1928년 경북 안동에서 태어났습니다.

아홉 살 되던 해, 아버지의 고향인 황해도 연안으로 이사를 하게 되지요.

가난한 소작농의 맏이로 태어난 민식은 한쪽 다리를 못 쓰는 아버지를 대신해서 농사일을 도맡아 했습니다. 소작농이란, 자기 땅이 없는 사람이 남의 땅을 빌어 농사를 짓는 것을 말합니다. 그 시절 소작농은 주로 삼칠제로 농사를 지어 살았는데요. 삼칠제란, 수확물이 열이라면 일곱만큼은 농사를 지은 사람이 가지고, 셋만큼을 땅주인에게 땅값 대신 내놓는 것을 말합니다.

어린 민식이 어머니와 함께 일 년 열두 달 뼈 빠지게 농사일을 해 봐야 일곱 식구가 먹을 양식은 늘 모자랐습니다. 일 년에 일곱 달은 쌀로 밥을 해먹고, 다섯 달은 거의 굶어야 했을 정도니까요. 보리가 여물기 전인 보릿고개 때는 말할 것도 없었지요.

배가 아무리 고파도 학교를 마치면 친구들과 늘 산에 나무를 하러 가야 했고, 농사철이면 어김없이 논일, 밭일을 거들어야 했습니다. 공부고 숙제고 할 시간도 없었습니다. 쉴 틈 없이 조그마한 몸이라도 놀려야 식구들이 굶어죽지 않았으니까요.

민식에겐 누구보다도 행복한 순간이 있었습니다. 바로 그림을 그릴 때였지요.

민식은 아궁이에 굵다란 장작을 밀어 넣고 나서 방으로 들어와 벽장 문을 열었습니다.

그림 물감과 도화지!

아버지가 저번 주에 해주로 도장 재료를 사러 갔다가 민식을 위해 사다 준 선물이었습니다. 여러 화가의 작품이 담긴 그림책까지!

민식은 언제나 열두 색 물감과 하얀 도화지만 손에 잡으면 가슴이 쿵쾅거렸습니다.

"빈센시오. 밀레의 그림을 찾아보아라. 밀레는 아주 훌륭한 화가야."

아버지 최창웅은 연안 읍에서 도장 파는 일을 하였습니다. 어릴 때 씨름을 하다 한쪽 다리를 못 쓰게 되는 바람에

도장 파는 일을 직업으로 삼게 되었지요. 독실한 가톨릭 신자였던 아버지는 일찍이 민식의 세례명을 빈센시오라고 지었습니다. 아버지는 시간이 날 때마다 장남인 민식에게 많은 이야기를 들려주었습니다.

　민식은 그림책을 뒤적여 가장 좋아하는 그림, 밀레의 〈만종〉 편을 펼쳤습니다.

　아! 언제나처럼 민식의 마음은 설레었습니다. 농부들은 저 괭이로 하루 내내 밭을 일구었겠지요. 낡은 옷차림, 넓은 들판, 감자 자루, 해지는 저녁, 기도…….

　그림 속 농부는 할아버지, 아버지, 마을 어른들과 같았습니다. 오로지 땅을 파며 땅과 함께 살아가는 사람들.

　볼 때마다 느낌이 새로운 그림입니다. 민식은 일을 마치고 들판에 서서 기도하고 있는 농부들 마음을 알 수 있을 것만 같았습니다.

　전에 아버지와 이런 말도 나누었습니다.

　"얘야, 이 그림을 그린 밀레에 대해 깊이 생각해 보거라. 밀레는 작품을 위해 농촌으로 직접 들어가서 살았다는구

나. 이 그림을 보아라. 어떠냐? 자연 속에서 정직하게 일하며 살아가는 농부들을 진심으로 사랑하지 않았다면 결코 이런 그림은 나올 수가 없어. 이 세상에 그림 그리는 이들은 많지만, 밀레 같은 뜻을 가진 화가는 드물다, 빈센시오."

"예……."

"너는 그림을 잘 그리는 아이니까, 다음에 커서 화가가 되더라도 꼭 밀레처럼 의미 있는 그림을 그렸으면 좋겠다. 알아듣겠니?"

"예."

민식은 언제나처럼 연필을 들고 도화지에 〈만종〉을 베껴 그리기 시작했습니다.

슥슥, 슥슥.

민식은 눈을 반짝거리며 그림 그리는 일에 빠져들어 갔습니다.

민식의 그림 솜씨는 벌써 학교에 소문이 자자했습니다. 그리기만 하면 학교에서 일등상은 도맡아 했으니까요. 그

림에 빠져 있을 때는 논 일, 밭 일, 나무하기, 장에 짊어지고 가서 내다 팔기……, 배고픔도, 온갖 고달픔도 잊을 수 있어 민식은 얼마나 행복했는지 모릅니다.

"오빠, 밥 먹으러 안 올 거야? 안 오면 내가 다 먹는다!"

지금처럼 식구들이 밥 먹으러 오라고 소리치는 것도 다 까먹을 정도로요.

다음 날 아침.

일요일이라 아버지 도장방은 문을 닫았습니다.

일찌감치 아침상을 물리고 민식과 세 동생들은 아버지 앞에 나란히 앉았습니다.

독실한 가톨릭 신자인 아버지는 시간만 나면 아이들에게 성서와 성인*신앙과 덕이 뛰어난 사람들 이야기를 들려주었지요.

"그리고 빈센시오. 내가 왜 너에게 빈센시오라고 이름을 붙였는지 그 까닭을 기억하니?"

"예, 아버지. 빈센시오는 가난한 사람들을 위해 자기 주교관까지 내어주고, 음 나중에는 고아원을 지어서 자기는 작은 방에서 살았고요. 또 음……."

동생들은 벌써 바깥으로 놀러나간 뒤였습니다. 맏이인 민식이 혼자 아버지 앞에 무릎을 꿇고 앉아 이야기를 나누고 있었습니다.

"그래. 프랑스의 주교였던 빈센시오는 훌륭한 사람이었다. 말은 쉽게들 하지만 가난한 사람을 위해 실천하기란 결코 쉬운 일이 아니야. 언제나 이 성인을 기억하며 정직하게 살고, 또 봉사하며 살라는 뜻으로 너의 세례명을 빈센시오라고 정했다. 사람은 모름지기 세상 사람들과 함께 나누고 살아야 하는 법이다. 꼭 기억하거라, 빈센시오."

"예, 아버지."

그때였어요.

"민식이 안에 있지비? 놀러 나간 거 아잉가?"

동네 어른 한 분이 아침 일찍 사립문을 열고 민식의 초가집으로 들어섰습니다. 안 그래도 다리가 저려 오던 참이라 민식은 얼른 일어나 방문을 열었습니다.

뜻밖에도 그 어른은 들고 있던 조그만 쌀 자루를 마루 끝에 올려놓으며 말했습니다.

"사람이 염치가 있어야지. 물감 값은 줘야지 않갔어."

아버지와 민식은 어리둥절했습니다. 하지만 곧 그 뜻을 알 수 있었지요.

민식이 밀레의 〈만종〉을 베껴 그린 그림을 친구에게 나눠 주었고, 그 친구가 집에 가서 그림 자랑을 하다 친구 어머니가 그 그림을 보고 민식을 찾아온 겁니다. 그러니까 얼마간의 쌀은 그림 값이었던 거지요.

"어드렇게 조그만 아이가 이런 그림을 그릴 수 있지비? 내 까막눈으로 봐도 예사 솜씨가 아니구만은. 아들 잘 키우시구려."

덕담까지 듣고 나니 민식은 쑥스러워 얼굴이 붉어졌고 아버지는 웃었습니다.

친구 어머니가 사립문을 마악 나가려는데, 이번에는 이웃 동네에 사는 총각이 자전거를 몰고 마당으로 들어섰습니다.

"아차. 내 정신 좀 봐. 민식아, 저기 아버지가 챙겨놓은 보퉁이 좀 내오너라."

민식은 안방 구석에 있는 작은 보따리를 아버지에게 건넸습니다. 안 봐도 다 알지요. 그 안에는 벼루와 먹, 붓이 들어 있을 겁니다. 아버지는 다리를 절뚝거리며 자전거 뒷자리에 걸터앉았습니다.

"오늘은 병풍이 열두 폭짜리니 시간이 좀 걸릴 것 같다. 그렇게 알고 있거라."

아버지를 태운 자전거가 찌릉찌릉 소리를 내며 동네를 빠져나가고 있었습니다.

아버지는 학교 공부는 많이 하지 않았지만 늘 책을 가까이 하며 지식을 쌓은 분이었습니다. 민식에게 늘 새로운 가르침을 주었을 뿐 아니라, 마을에서 꽤 유식한 분으로 존경을 받기도 했습니다. 한문 공부를 많이 한 탓에 아버지는 동네 사람들에게 편지를 읽어 주거나 써 주는 일을 도맡아 했습니다. 워낙 서예도 잘 쓰는 양반이다 보니, 가끔 병풍 글씨를 부탁받기도 했지요. 오늘도 읍내까지 글씨를 쓰러 가는 길입니다.

"다녀오십시오, 아버지!"

큰 소리로 인사하고는 민식은 후닥닥 밖으로 나갔습니다. 아무리 훌륭한 말씀이라도 오래 듣고 있으면 좀이 쑤시잖아요. 더군다나 민식이 이제 겨우 열한 살이니 그럴 수밖에요.

"애들아, 같이 놀자!"

민식은 부리나케 밖으로 뛰어나갔습니다.

들판에는 봄이 오고 있었습니다.

민식의 가슴 속에 무엇인가가 꽉 들어차는 기분이 들었습니다.

 **화가**가 되겠다는 **희망** 하나로

민식이 국민학교에 *지금의 초등학교* 다닐 때였습니다.

공부 시간에는 그나마 교실에서 얌전히 공부를 하던 아이들이 쉬는 시간만 되면 난리법석이었습니다. 아이들은 너나 할 것 없이 나무로 지은 건물이 흔들거릴 정도로 뛰어다니거나 복도에서 싸움 흉내를 내며 놀거나 목이 쉬도록 떠들어 댔지요.

그러던 어느 날, 6학년인 민식과 친구들은 담임선생님에게 단단히 걸렸습니다.

"누가 이렇게 떠들고 다니랬어, 엉? 모두 뒤로 돌아! 눈 감아!"

"이제 죽었다, 우리는. 나까무라가 또 검도 칼을 가져오겠지."

"우리가 무슨 인형도 아니고……. 머리가 혹 밭이 될 거 아냐. 아, 진짜……."

이때는 일본이 우리 나라를 식민지로 삼아 지배하던 때였습니다.

일본 정부는 조선 땅 구석구석에서 나는 귀중한 자원을 빼앗아 가는 것도 모자라, 우리 말과 글까지도 못 쓰게 했습니다. 겨레의 정신마저 빼앗아 영원히 조선을 지배하려고 작정을 했던 거지요. 민식이 국민학교 3학년이 되었을 때는 학교에서 일본 말로 공부하고 일본 말로 이야기해야 했습니다.

일본 사람이라고 다 나쁜 사람은 아니었지만 담임인 나까무라는 어찌나 조선 학생들을 잘 두들겨 패던지, 민식이 평생을 두고 잊지 못한 인물이었습니다. 아니나 다를까, 그날도 꼼짝없이 걸린 겁니다.

딱, 딱, 딱.

나까무라 선생이 내리치는 죽도가 아이들 머리 한가운데에 꽂혔습니다.

"아이쿠, 아야. 씨이……."

눈물이 찔끔, 귀에서 배앵 소리가 납니다. 친구들이 모두 머리를 싸쥐고 나까무라 선생을 원망하고 있을 때 민식은 어깨를 움찔거리며 차례를 기다렸습니다.

딱!

나까무라 선생은 민식의 정수리 쪽으로 사정없이 죽도를 내리치고 나더니, 한참 민식을 노려본 채 서 있었습니다. 그러더니 느닷없이 이렇게 말했습니다.

"야마모도 도시오. 제군은 이다음에 동경으로 유학을 가라. 동경 가서 화가가 되는 공부를 하도록. 미술을 절대 포기하면 안 돼. 부디 내 말을 명심해 주기 바란다."

야마모도 도시오는 민식의 일본식 이름이었습니다.

머리가 반쪽이 나도록 세게 때릴 때는 언제고, 동경 유학 가서 미술 공부를 하라고 북돋워 주니 민식은 어느 장단에 춤을 춰야 할지 잠깐 멍했습니다. 나까무라 선생이 누구보다 가난한 민식의 처지를 모를 리 없을 텐데요.

'동경? 동경 유학? 미술 공부를 동경에서……?'

먹을 양식도 넉넉지 못한 집안 형편으로는 일본 유학이야말로 터무니없는 상상과도 같았지요. 하지만, 이상하게도 동경이라는 말이 민식의 가슴에 깊이 파고들었습니다.

나까무라 선생의 한마디가 민식에게는 희망으로 새겨졌던 겁니다.

국민학교를 졸업하고 두 해가 흘렀습니다.

민식이 미쯔비시 군수 공장으로 간 것은 우연이 아니었습니다. 그 동안 민식은 가난 때문에 중학교 가는 걸 포기하고 사계절 내내 농사일을 거들었습니다. 허리가 휘도록 일하고 또 일해야 했습니다.

"민식아, 민식아. 이것 좀 봐! 일본 회사에서 중학교 공부도 시켜 주고……. 기술자 되는 것도 가르쳐 주고, 잘만

하면 회사 간부까지 될 수 있다는데……. 우리 같이 안 갈래?"

어느 날, 친구 하나가 〈미쯔비시 기능자 양성소〉에서 학생을 모집한다는 공고문을 손에 들고서 민식 앞으로 달려왔습니다.

"야, 숨넘어가겠다. 어디 한번 보자. 중학교 2년 과정 이수 후, 1년 동안 공장에서 기능자 양성 과정을 거친다……. 조선 학생들도 회사의 간부로 승진 가능……."

망설일 틈이 없었습니다. 공부도 하고 돈도 벌 수 있다?

일 년 열두 달 허리가 휘도록 농사일을 해 봤자 살림살이는 하나도 펴지지 않았거든요. 차라리 공장에서 돈을 버는 일이 집안에 보탬이겠다는 생각이 들었지요. 무엇보다 민식은 이참에 고향을 떠나고 싶은 마음이 간절했습니다.

마침내 민식은 친구와 함께 진남포로 갔습니다.

그 시절 일본은 독일, 이탈리아와 함께 3국 동맹을 맺고 온 세계를 손아귀에 넣으려는 야심찬 전쟁을 치르고 있었지요.

그 즈음 세계 여러 나라들은 좀더 부자로 살고 싶은 욕심과 내 나라 내 민족만이 이 세상에서 최고라는 생각으로 약한 나라를 침략해서 땅을 빼앗고, 사람을 마구 죽이는 큰 전쟁 속으로 빠져들었습니다. 이것이 바로 제2차 세계 대전입니다. 이 엄청난 전쟁은 '인류의 재앙'이라 할 정도로 걷잡을 수 없이 커져 갔습니다.

일본 또한 세계 대전 치르느라 하루가 멀다 하고 전쟁에 필요한 물자를 생산해야만 했습니다. 그러니 식민지였던 우리 나라 곳곳에 군수 공장을 세워 공부를 시켜준다는 구실로 어린 학생들을 불러모은 겁니다. 험한 일을 할 사람이 필요했으니까요.

진남포 공장도 그 가운데 하나였습니다. 하지만 민식과 친구가 달려간 곳은 열다섯살 소년들에게는 지옥과도 같았지요.

"헉, 헉. 민식아, 나는 도저히… 도저히… 못 견디겠다. 차라리 도망이라도 쳐서 고향으로 갈란다."

진남포 공장은 비행기 날개를 만드는 대규모 화학공장이

었습니다.

온갖 공업 원료들이 불에 녹고 섞이며 뿜어내는 가스는 말도 못 하게 지독했습니다. 마그네슘이 타면서 나는 가스와 냄새는 얼마나 독한지, 일을 마치고 작업복에 손을 대면 후두둑 옷이 삭아 떨어질 정도였지요. 출근할 때마다 면으로 된 작업복을 하루에 하나씩 받았을 정도였으니까요. 그뿐 아니라 진남포 일대에 그 많은 사과밭이 있어도 사과 한 알 열리지 않았다고 합니다. 물론 공장이 생기고 난 뒤부터였지요.

"조용히 해! 그러다 일본 헌병한테 잡히면 끝장나는 거 몰라? 조금만 더 참아 보자."

민식은 친구를 달랬습니다.

"이래 죽으나 저래 죽으나 마찬가지 아냐! 더는 이런 생지옥에서는 못 살겠어."

마스크를 두 겹씩 포개어도 냄새 때문에 숨쉬기가 힘들고, 머리가 터질 것 같은 것은 민식도 마찬가지였어요.

"우리 이번 쉬는 날에 평양으로 가자. 거기 큰 시장에 가면 모로 만든 작업복이 있대. 그거 입으면 견디기가 좀 나을 거야. 조금 더 참아 보는 거지, 뭐."

민식은 중간에 그만두기가 싫었습니다. 고향에서 배를 곯고 있을 동생들 생각도 났습니다. 돈을 모아 언젠가는 동경으로 유학 갈 꿈도 잊지 않았습니다. 민식은 쇳덩어리가 녹아내리는 용광로 앞에서 이를 꽉 깨물며 다시 삽질을 했습니다.

그러나 그날 밤 친구는 도망치다 끝내 붙잡히고 말았습니다.

이때는 2차 세계 전쟁이 거의 끝나갈 무렵이었습니다.

죽을 똥 살 똥 전쟁에서 지지 않으려고 안간힘을 쓰던 일본 정부는 전쟁에 협조하지 않는 사람들을 용서하지 않았습니다. 일본 헌병은 공장에서 도망가려다 붙잡힌 소년들을 목숨만 겨우 붙어 있을 정도로 두들겨 팼습니다.

민식의 친구는 팔다리가 축 늘어진 채 기숙사로 돌아왔습니다. 열다섯 살 소년들은 모두 할 말을 잃었습니다.

그해 팔 월.

드디어 해방을 맞았습니다.

2차 대전은 엄청난 죽음을 부르고서야 끝이 났습니다. 일본 땅에 원자 폭탄 두 개가 떨어졌습니다. 히로시마와 나가사키, 두 도시가 완전히 파괴되었을 때 일본은 무조건 항복을 선언했지요.

"만세! 만세! 대한 독립 만세!"

방방곡곡 태극기가 휘날릴 즈음 민식은 그제야 공장 생활을 정리하고 고향으로 돌아왔습니다. 하지만 다시 돌아온 고향 생활은 그리 오래 가지 못했습니다.

벌써 콧수염이 거뭇거뭇해진 청년 민식은 농사일이 지루했습니다. 무엇보다도 민식은 꿈을 이루고 싶은 생각이 간절했으니까요. 그렇다고 도화지에 밀레의 그림이나 베끼며 만족할 나이는 한참 지났습니다.

민식의 나이 열여덟.

어느 날, 기다리던 고모가 고향에 와서 주머니에 살짝 돈을 찔러 주며 말했습니다.

"내가 지금 잘하는 짓인지 모르겠다. 세상이 이렇게 어지러운데 혼자 서울 가서 공부하겠다는 네 고집도 참 어지간하다. 그저 밥은 거르지 말고 잘 챙겨먹어. 그렇게 하고 싶은 그림 공부나 실컷 하고 돌아와. 제발 몸조심하고!"

이렇게 해서 민식은 무작정 서울로 갔습니다.

용산에 있는 미술학원 야간부에 등록부터 했지요. 하지만 고모가 고모부 몰래 마련해 준 돈이 그리 넉넉할 리는 없었습니다.

민식은 생활비를 벌기 위해 낮에는 닥치는 대로 일했습니다. 식당 청소도 하고, 빵 공장에서 허드렛일을 하는가 하면, 두부 공장에서 콩 자루를 짊어지기도 했습니다. 그래도 야간으로 다니던 미술학원에서 마침내 데생을 배울 때 그 기분은 이루 말로 다 할 수가 없었습니다. 어깨가 뻑적지근하도록 스케치 연습을 하고 또 했습니다.

그나마 식당이나 공장 일거리가 떨어지면 넝마주이에 지게꾼 일까지 했습니다. 넝마주이란, 아주 커다란 바구니를 등에 지고 다니며 거리에 널려 있는 쓰레기를 줍는 사람을 말합니다. 민식은 부끄럽다거나 불편하다고 생각하지 않았

습니다. 오히려 자기가 그토록 바라던 그림 공부를 하게 된 대가라고 생각했습니다.

낮에는 온갖 궂은 일로 생활비를 벌고, 저녁에는 학원에서 그림을 그렸습니다.

깜깜한 밤이 되어서야 집으로 돌아왔지요. 집이라고 해 봐야 남의 집 창고를 겨우 빌린 곳이었습니다.

'남의 그림을 잘 베낀다고 우쭐했던 때가 부끄럽구나. 그렇다면 나는…… 도대체 무엇을 그려야 하지? 사람이 산다는 것은 또 무슨 의미일까, 내 생각을 그림으로 표현한다는 것은……. 참 어려운 일이야. 그래도 조금씩은 나아지고 있으니, 내일 또 고민해 보지 뭐. 아, 피곤하다…….'

민식은 창고 한쪽 구석에 가마니를 깔고, 얇고 허름한 모포 하나만 몸에 두르고서 깊은 잠에 빠졌습니다.

어느덧 민식은 스무 살 청년이 되어 있었습니다.

 밀항

1955년 가을 부산.

밤이 되자 열여섯 명의 남자들이 영도 앞바다에 모이기 시작했습니다.

어둠 속에서 들리는 파도 소리가 꽤나 요란했습니다.

"바람이 이래 불어 우짜노^{어쩌나}? 이라다가 오늘 배가 영 못 뜨는 거 아이가?"

"어허이, 입 조심 좀 하이소. 누가 듣고 밀항선 신고라도 하믄 우리는 마 일본은커녕 감옥소부터 가야 할 낀데, 와 이리 떠들어 쌌능교?"

등과 손에 시커먼 가방을 지고 든 두 남자가 둘레를 살폈습니다. 다른 사람들도 불안하기는 마찬가지였습니다. 바닷가에 묶인 고기잡이 배 몇 척도 바람 따라 삐걱삐걱 이상한 소리를 내고 있었습니다.

누군가 배 한 척에서 갑자기 나타나더니 손짓으로 사람들을 불러 모았습니다. 남자들은 커다란 가방을 끌고, 메고 배에 올라탔습니다. 모두 돈벌이를 위해 일본으로 떠나는 사람들이었습니다. 여기에는 스물여덟 먹은 민식도 끼어 있었습니다.

후유.

배가 통통거리며 무사히 영도 앞바다를 벗어나자 그제야 민식은 마음을 놓을 수 있었습니다.

'여보, 미안해. 당신 혼자 고생할 거 뻔히 알면서도 내 욕심에 결국 일본으로 떠나고 있소. 그 대신 누구 못지않게 그림 공부 열심히 하고 올게.'

민식은 결혼한 지 네 해 만에 아내와 아이 하나를 남겨 놓고 일본 유학길에 올랐습니다.

그 동안 우리 나라도, 민식도 여러 가지 큰 일을 겪었습니다.

일제 식민지에서 해방된 지 겨우 몇 해도 지나지 않아, 우리 나라는 남과 북으로 갈려 전쟁을 치렀지요. 민식도 그때 군인이 되어 전쟁터에 나갔습니다.

군인으로 있을 적, 고향이 같은 한 군인이 자기 여동생을 소개해 주어 지금 아내를 만나게 되었습니다. 제대하자마자 처남이 경영하는 모직회사에 취직도 했습니다만, 마음 속에 품은 희망 하나가 민식을 평범하게 살게 내버려 두지 않았습니다. 결국 그 회사를 그만두고 동경 유학을 선택했습니다.

그 당시에는 전쟁이 끝나고 온 나라가 뒤죽박죽이 되어 있었습니다.

일거리도 많지 않아 이웃 나라 일본으로 돈벌이 떠나는 사람들이 굉장히 많았지요. 원래는, 그 나라에서 주는 비자를 정식으로 받아 배나 비행기를 타야 했지만 그러기에는 돈과 시간이 많이 들었습니다. 비자란, 그 나라에 들어와도 좋다는 공식 허가증이었습니다. 그러나 사람들은 비자 없이 몰래 돈을 주고서라도 고기잡이 배를 타고 일본으로 건너갔습니다.

　말하자면, 지금 민식은 밀항선을 타고 일본으로 건너가는 길이었지요.

배는 규슈 어느 바닷가에 닿았습니다.

새벽 안개가 자욱해서 앞이 잘 보이지 않았지만 모두들 바쁘게 움직였습니다. 조국에 두고 온 식구들을 위해 한 푼이라도 더 벌고, 한 자라도 더 공부해야 하는 마음은 똑같았지요.

일행과 헤어진 민식은 그날 밤, 동경 가는 기차에 몸을 실었습니다.

비자도 없이 일본 열차를 타는 것도 모험이었습니다. 언제 어디서 검문을 당할지 모를 일이었습니다.

민식은 아무렇지도 않은 척, 열차에 올라 자리를 찾았습니다. 머리가 긴 아가씨 옆이 민식의 자리였습니다. 민식은 예쁜 아가씨를 보자 금세 기분이 좋아지고 마음이 좀 놓였습니다. 하지만 지금 어디 젊은 아가씨에게 말 붙일 여유나 부릴 처지인가요. 민식은 피곤기가 몰려와 쿨쿨 잠에 빠져들었습니다.

"손님, 손님. 저어⋯ 어디까지 가십니까? 표를 좀 보여 주십시오."

언제 와 있었는지, 역무원이 민식을 뚫어지게 쳐다보며 서 있었습니다. 아무래도 민식이 수상쩍었나 봅니다.

'아차, 이거 공부는커녕 동경 땅도 한번 못 밟아 본 채 쫓겨나고 말겠구나. 이런 황당한 꼴이 있나!'

민식은 잠이 번쩍 깨어 주머니에서 기차표를 꺼내느라 부스럭거렸습니다.

그때였습니다.

"아, 네. 이분은 제 약혼자입니다. 같이 동경에 가는 길인데, 자기, 뭐 해? 빨리 표를 보여 드려야죠. 당신이 이상하게 보이나 봐요. 호호호."

옆자리에 앉은 긴 머리 아가씨가 갑자기 민식의 팔짱을 끼며 말했습니다.

"아, 이거 실례했습니다."

역무원이 아가씨와 민식에게 정중하게 머리를 숙이더니 더는 아무 것도 묻지 않고 다른 곳으로 갔습니다. 생전 처음 보는 일본 아가씨 도움으로 민식은 또 한 번 위기를 넘겼습니다.

마침내 동경에 다다랐습니다.

하지만 이 낯선 땅에서 딱히 민식을 오라는 곳도, 기다리는 사람도 있던 것이 아니었습니다. 민식이 의지했던 것은 오직 하나.

기무라 식당.

쪽지에 적힌 주소가 다였습니다. 민식은 물어물어 기무라 식당을 찾아갔습니다. 다행히 일본 말을 잘했기에 길 찾는 데는 어려움이 없었습니다.

"기무라상, 저를 좀 도와주십시오. 한국에서 무작정 소문만 듣고 왔습니다. 저는 부산에서 온 최민식이라고 합니다."

"나를 어떻게 안다고 여기까지 찾아왔지요?"

"목포에서 오랫동안 식당을 하셨다고 들었습니다. 어떤 일이라도 시켜 주신다면 제가 하겠습니다. 여기 있게 해주신다면 정말 열심히 일하겠습니다. 제발 절 살려 주십시오!"

"도대체 이렇게 먼 곳까지 와서는 아무 대책도 없이 살

려 달라니? 나 원. 전라도 목포 땅에서 오랫동안 장사하면서 한국 사람과 인연을 맺긴 했지만……."

"부탁입니다, 기무라상. 저는 갈 곳도 없습니다. 일하게 해 주십시오."

물에 빠진 사람이 지푸라기를 잡는 심정으로 민식은 기무라 씨에게 자신의 사정을 이야기했습니다.

"음, 한번 믿어 보지 뭐. 험한 일이라고 한눈파는 날에는 당장 쫓아낼 테니 그리 아쇼!"

민식은 이곳에서 먹고 자고 일하며 여섯 달을 보냈습니다. 여기서 아주 중요한 인연을 맺게 되었는데요, 바로 '동경 미술학원' 야간부에 등록을 한 일이었습니다. 민식이 동경까지 온 까닭이 돈벌이가 아닌 그림 공부라는 것을 알고 식당 주인집 딸이 민식에게 귀띔을 해 주었지요. 그 아가씨는 동경 미술학원 학생이었기 때문에 자세한 정보와 함께 야간 등록을 도와주었습니다. 민식은 얼마나 기뻤는지 모릅니다.

그 동안 화가가 되겠다는 꿈 하나만 달랑 가지고 동경으로 오긴 왔지만, 어디서부터 어떻게 미술 공부를 해야 할지 몰랐습니다. 아내와 아이까지 남겨놓고 떠나왔건만 애꿎은 시간만 가고 있었으니, 그 동안 얼마나 애가 탔는지.

민식은 한국에서 가져온 돈 주머니를 털었습니다. 밀항선을 탈 때 차비 삼만 원을 내고 여태 손 한 번 안 대고 남겨 놓은 돈이었습니다.

민식은 그 돈으로 미술학원에 등록을 했고, 꿈에 그리던 그림 공부를 드디어 동경에서 시작하였습니다. 낮에는 식당에서 일하고 밤에는 그림 공부를 하며 민식은 조금씩 안정을 찾아 갔습니다.

기무라 식당을 그만 둔 뒤에도 몸이 부지런한 민식은 온갖 일거리를 찾아냈습니다. 친구들과 함께 손수레를 끌고 고물 수집을 하기 시작했습니다.

그 시절 일본은 한국전쟁으로 때 아닌 경제 호황을 누렸습니다. 한국은 전쟁이 끝나고 엄청나게 많은 물자가 필요했습니다. 큰 도로에서부터 연필 한 자루에 이르기까지 일본은 한국으로 많은 자원과 물건을 팔아 돈을 많이 벌어들였지요.

일본 경제 사정이 나아지다 보니 민식은 고물 장사도 꽤 재미가 있었습니다. 버려진 종이에서 빈 병, 찌그러진 깡통, 헌 옷가지, 녹슨 쇠붙이까지 손수레를 끌고 다니면서 부지런히 몸만 놀리면 얼마든지 주워 모을 것은 넘쳐났습니다.

일본 말 잘하는 민식을 밀항자로 보는 사람도 없었습니다. 너도 나도 먹고살기 바쁜 시절이었으니, 거리에서 손수레를 끌고 다니는 일도 부끄럽지 않았습니다. 돈을 조금씩 모아 그림 공부에 필요한 도구들도 사 모았고, 책도 하나씩 사서 읽기 시작했습니다.

일요일에는 자주 헌책방으로 갔습니다.

헌책방은 책읽기를 좋아하는 민식에게 아주 좋은 곳이었습니다.

눈만 크게 뜨고 찾아보면 얼마든지 좋은 책과 자료를 건질 수 있었습니다. 그 많은 책 더미에 묻혀 하루 내내 책을 읽어도 눈에 띄지 않았으니 가난뱅이 유학생이 시간 보내기에는 더할 나위 없이 좋기도 했습니다.

그렇게 동경에서 화가의 꿈을 키우며 그림 공부에 빠져들고 있을 즈음, 민식은 자기 운명을 뒤바꿀 무언가와 만나게 되었습니다. 바로 그 헌책방에서 말이지요.

 세상에 이런 사진도 있었단 말인가

"오늘은 괜찮은 소설책이나 하나 건졌으면 좋겠다."

"나는 다음 학기 교재가 하나 필요한데……. 그런데, 민식이는 뭐 하냐?"

"혼자 재밌는 잡지라도 찾은 거 아냐? 히히히."

그날도 민식은 친구들과 함께 헌책방으로 나들이를 갔습니다.

모처럼 고물상도 쉬는 날이었고요.

먼지 쌓인 책들은 빽빽한 책꽂이도 모자라 여기저기에 어른 키보다 높게 쌓여 있었어요. 민식은 무심코 책 한 권을 빼들었습니다. 낡은 사진집이었지요.

순간, 민식은 숨이 멎는 것 같았습니다.

주먹 쥐고 이 세상에 태어난 어린 생명.

웃통을 벗고 쇠망치를 든 노동자.

우물가에 모여 웃음을 터뜨리고 있는 아낙네들.

낡은 천을 몸에 두르고 어디로 가야 할지 물어보고 있는 어머니와 아이.

오누이처럼 닮아 보이는 늙은 부부.

그리고…… 숲 속을 벗어나 햇살이 비치는 곳으로 걸어가는 두 아이.

'아, 이럴 수가 있나. 세상에 이런 사진들도 있었단 말인가……!'

뭔가에 홀린 듯 멍한 느낌이 들었습니다. 민식은 저도 모르게 책을 탁, 덮고 말았지요. 그제야 책 제목과 지은이가 눈에 들어왔습니다. 스타이켄이 편집을 한 《인간 가족》이었습니다. 작은 공책만 한 그 책 겉에는 '유에스아미' 도장이 쾅 박혀 있었어요. 보아하니 미군 부대에서 흘러나온 헌책이었나 봅니다.

'인간 가족'은 원래 뉴욕에서 열린 적이 있는 사진전 이름이었습니다.

비록 두 차례나 세계 대전을 겪었지만, '모든 인간은 한 가족'이라는 생각으로 전 세계에 있는 남녀 아마추어 사진가, 유명 사진가, 무명 사진가를 가리지 않고 예순여덟 나라 273명의 사진가가 참여하여 사진 오백세 점을 뽑았다고 합니다. 그리고 우주창조, 사랑, 결혼……, 죽음에 이르기까지 마흔 개 주제에 맞게 사진을 편집해서 여러 나라를 돌며 전시회를 열었습니다.

스타이켄이 이 전시회 책임을 맡았고, 전시회가 끝나자마자 다시 '인간 가족'이라는 이름으로 책을 엮어 펴낸 거였지요. 민식이 헌책방에서 만난 책이 바로 그것입니다.

운명 같은 만남.

마치 오랫동안 기다리던 소식이 온 것 같았습니다. 민식

은 정신없이 사진 속으로 빠져들었습니다.

아직 동경 미술학원에서 공부를 하고 있을 때라, 여전히 낮에는 고물 손수레를 끌며 일하고 저녁에는 다시 학원으로 가 수업을 받고 밤늦게야 집으로 돌아오는 생활이었습니다.

겉으로 보이는 시간은 전과 다를 바가 없었지만, 마음가짐은 엄청나게 달라졌습니다. 말하자면 한 젊은이의 앞길에 뚜렷한 중심이 생긴 거였지요.

민식은 잠자는 시간이 아까울 정도로 《인간 가족》 사진집을 들여다보고 또 들여다보았습니다. 《인간 가족》에서 만나는 가난한 사람들은 모두 민식에게 낯설지 않았습니다. 그들은 민식이 고향에서 늘 마주치던 이웃 같았고, 가족 같았습니다. 그렇기 때문에 《인간 가족》에 나오는 사람들이 왜 웃고 있는지, 또 왜 울고 있는지 남의 일 같지가 않았습니다.

'이 정도라면 나도 자신 있어! 내가 찾던 예술의 길은 바로 이거야. 사진!'

아무 두려움도 들지 않았습니다. 어떤 의심조차 들지 않았습니다. 민식의 머릿속에는 온통 사진을 찍어야겠다는 생각만 가득 찼습니다.

그 뒤로 민식은 노는 날이면 하루 내내 사진만 찍어 댔습니다.

"많이 찍었어? 어디 한번 보자."

"난 오늘 필름 두 통을 다 썼는데……. 하나하나가 다 예술이야, 오오!"

"장난이 좀 심하군. 내가 보기에는 전봇대 찍은 사진, 그거 한 장만 쓸 만하던데."

민식과 친구들은 암실부터 만들었습니다.

일본 친구 집 빈 방에다 나무 판자를 얼기설기 엮고, 검은 천을 구해다가 그럴싸한 암실을 만들었지요. 민식은 원래 손재주가 있는 데다 고물상까지 하였으니 이런 것 하나 만드는 것은 식은 죽 먹기였습니다.

원래 우스개 말을 잘하는 민식은 이날도 친구들과 함께 낄낄거리며 인화 작업을 하였어요. 인화 작업이란, 필름에 찍힌 갖가지 모습을 인화지로 옮기는 일입니다. 우리가 보는 사진은 반드시 인화 작업을 거쳐야 볼 수 있지요. 또한 이 작업을 할 때는 빛을 완전히 막아야 하기 때문에 암실, 그러니까 깜깜한 방이 꼭 있어야 했습니다.

민식과 친구들은 중요한 작업을 하면서도 처음 해 보는 일이라 실수투성이였습니다. 그래도 마냥 신나 낄낄거렸습니다. 무언가 새로운 일에 미쳐 있었으니까요.

이제는 돈을 모으는 대로 그림에 관련한 책이 아니라, 사진에 필요한 것을 사 모았습니다. 혼자 공부하기에는 책만큼 좋은 스승이 없었습니다. 민식은 책을 펼쳐놓고 사진기를 만져 가며 이론 공부를 했습니다. 그리고 또 하나의 훌륭한 스승은 자나 깨나 펼쳐보던 《인간 가족》이었습니다.

다음 일요일에도, 그 다음 일요일에도 시간만 나면 공원으로, 뒷골목으로, 거리 한복판으로 나갔습니다.

찰칵.
다리가 잘린 채 전쟁터에서 살아 돌아온 사람.

찰칵.

공원에서 잠자고 있는 거지.

찰칵.

골목 어귀에서 고추를 내놓고 오줌을 누는 사내아이.

찰칵.

얼굴 전체에 주름이 가득한 채 웃고 있는 할아버지.

찰칵.

뾰족구두를 신고 계단을 올라가는 아가씨와 계단 아래에서 낡은 옷을 입고 잠자고 있는 소년.

찰칵, 찰칵, 찰칵.

민식이 그때 들고 다닌 사진기는 페추리표였습니다. 일본 말로는 '뻬또리'라고도 했습니다. 중고시장에서 산 아주 낡고 질이 나쁜 사진기였지만, 민식은 페추리표 사진기를 가슴에 꼭 품고 다니며 셔터를 누르고 또 눌렀습니다.

사진을 찍기 위해서 하루 내내 걸어다니는 건 예사였습

니다.

 그러나 찍으면 찍을수록 뭔가 모자란다는 생각밖에 들지 않았습니다. 구도와 명암은 욕심만큼 잘 잡히지 않았습니다. 성에 차지 않아 민식은 찍고 찍고 또 찍었습니다.

 "민식이 사진 좀 봐. 어쭈, 몰라보게 좋아졌는데."

 어느 날, 암실에서 검은 커튼을 밀치고 나오던 친구 하나가 말했습니다.

"우리한테도 좀 가르쳐 주라. 어떻게 찍은 거냐?"

"음, 결정적 순간을 잡아야지. 선이나 면, 톤이 작가의 생각과 딱 일치되는 순간이랄까. 그때 바로 한방을 날려야 하지. 그게 바로 결정적 순간이라는 것 아니냐. 결정적 순간! 이 동포들아, 스냅숏을 찍으려면 그 정도는 알고 있어야지."

"우와. 유식하다. 결정적인 순간……. 그거 니가 지어낸 말이야?"

"그건 아니지. 앙리 까르띠에 브레송이 한 말이지."

"짜아식, 어쩐지……."

1957년 가을.

드디어 민식은 동경 미술학원 2년 공부를 마치고 부산으로 돌아옵니다.

중고 카메라 세 대, 크고 작은 부속품, 책 수십 권을 가방에 쌌습니다. 남들이 보기에는 허름하기 짝이 없는 짐이었지만 민식에게는 무엇과도 바꿀 수 없는 소중한 것들이었습니다. 들어갈 때와 마찬가지로 돌아올 때도 밀항을 해야만 했습니다.

민식은 무작정 짐을 끌고 요코하마 항으로 갔습니다.

반드시 가야만 했기에 두려움도 없었습니다. 도움을 얻을 사람을 찾느라 항구에서 두리번거리다 한 선원을 만났습니다.

"저는 아내와 아이들이 있는 부산으로 돌아가야 합니다. 배 안에서 어떤 막일이라도 하겠습니다. 도와주십시오."

선원은 민식의 아래 위를 훑어보더니 말했습니다.

"거, 들어 보니 사정이 딱하구만. 배를 태워 줄 테니 식당에서 일이나 좀 하쇼."

"아, 당연하지요. 고맙습니다."

비자 없이 몰래 배를 타고 이 나라에서 저 나라로 다니는 사람도 붙잡히면 위험하지만, 숨겨 주는 사람도 마땅히 책임을 물고 벌을 받아야 했습니다. 그런데도 그 선원은 위험을 무릅쓰고 민식을 도와주었던 것입니다.

뜻이 있는 곳에는 반드시 길이 있었습니다.

민식은 배 안 식당에서 잡일을 거들며 무사히 부산에 왔습니다.

 무엇을 어떻게 **찍을 것인가**

한국 자선회에서 사진사 두 명 구함.
월급 보장.

민식은 신문을 보다 눈에 띄는 기사를 보았습니다. 민식은 한달음에 자선회로 가 원서를 냈습니다. 사진도 찍고 돈도 벌 수 있는 좋은 기회를 놓칠 수는 없었습니다.

어느덧 민식은 세 남매를 거느린 가장이 되었습니다.

그 동안 일본에서 돌아오자마자 부산에 있는 '해동 모직

회사'에 취직도 했습니다만, 곧 그만두고 말았습니다. 하지만 사진에 빠져 혼자 공부를 하면 할수록 가족에 대한 책임감은 늘 민식의 어깨를 짓눌렀지요.

한국 자선회에서 낸 광고를 보고 백 명에 가까운 사람들이 몰려들었습니다.

"자, 여러분 여기를 봐 주세요. 지금 우리 나라에는 수많은 전쟁 고아들이 있습니다. 이 굶주린 아이들이 온전히 자랄 수 있고, 또 공부할 수 있게 외국에 도움을 얻을 생각입니다. 여러분이 할 일은 바로, 우리 아이들이 지금 어떤 처지에 놓여 있는지 찍어, 사진 한 장만 보고도 외국인들이 지갑을 열 수 있게 하는 겁니다. 바로 그런 사진을 찍어 오는 일입니다. 여기, 필름 두 통씩 가져가세요. 그리고 한 달 안으로 가장 잘된 작품 세 점을 내면 됩니다."

한국 자선회를 이끌고 있던 소 신부님이 사진사 희망자들에게 말했습니다.

무엇이든 쉬운 일은 없었어요. 이렇게 많은 지원자들 속에서 사진사는 딱 두 사람만 뽑는다니요. 하지만 민식은 옳다구나 싶었습니다. 그 동안 일본에서 돌아온 뒤로 혼자 사진기를 메고서 서면으로 남포동으로, 부산 시내 골목골목, 달동네, 강가 허름한 판자촌을 찾아다니며 사진을 찍어 왔습니다. 열 발가락에 물집이 잡힐 정도로 걸어다니며 찍었습니다. 이십 킬로그램에 가까운 가방을 멘 채 어깨가 빠질 듯 아픈 것을 참아 가며 사진을 찍었습니다.

민식이 여태 고생해 가며 찍은 사진은 다름 아닌 가난에 찌들어 사는 이웃들, 부모를 잃고 힘들게 살아가지만 웃음을 잃지 않는 아이들이었습니다. 그 동안 갈고닦은 실력을 내보일 때가 왔구나 민식은 그저 그런 생각이었습니다.

찰칵.
여자 아이가 포대기로 동생을 업고 있다.
포대기는 때에 절어 시커멓다.
아기는 누나 등이 세상에서 가장 좋다는 듯 푹 잠들었다.
누나도 잠이 온다. 그 작은 등에 아기를 업고 다니느라 지칠 대로 지쳤지만 결코 아기를 내려놓지 않는다.

찰칵.

길거리 한쪽 구석.

네댓 살쯤 보이는 여자 아이가 국수를 먹고 있다.

호옥, 하고 숨을 들이쉬자마자 국수발이 아이 입으로 빨려 들어 간다. 맨발에 멍투성이 다리. 조그마한 손이 숟가락을 놓칠세라 꽉 쥐고 있다.

아이의 부모는 어디에서 무엇을 하고 있을까.

찰칵.

거지 소년.

찢어진 신문지를 깔고 누웠다. 낡은 옷이나마 몸을 감싸주어 다행이다. 낮잠 한숨 자고 나면 하루가 잘 가겠지. 깊은 잠에 빠졌다.

덥수룩한 머리. 어디를 돌아다녔는지 소년의 팔다리는 나무토막같이 거칠고 야위었다. 미군부대에서 흘러나온 구걸 깡통만 새하얗게 반질거린다.

New York Times

...on of Agony

...ir present state or
... by their environm-
...ety and the times,
... photography links peop-
... these forces.

... we oftentimes insist
...ography expresses the
...society. This means
...graphs should dep-
...us aspects of the
...f society. Indeed,
... of photography, li-
... and all other arts
...lore human life.
...t photographs sho-
... life vividly, thus
...motion and sympat-

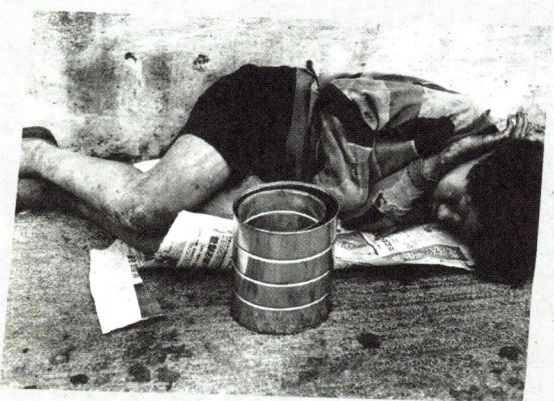

... human beings, so photography cannot
...ly when a photographer ...ews humanism

...SUPPLEMENT: INDIA

민식은 이 아이들 사진을 찍으며 가슴이 미어졌습니다.

우리 나라 정부는 이 굶주린 아이들을 모두 거두기에는 힘에 부쳤습니다. 복지는커녕 부정, 부패가 판을 치는 한국 정치는 생각만 해도 답답했습니다.

'내가 할 수 있는 것은, 지금 우리 눈앞에 있는 사실을 꾸미거나 부풀리지 않고 그대로 찍는 것이다. 이 볼품없이 일그러지고 불쌍한 사람들은 다름 아닌 내 모습이 아닌가. 또한 내 부모형제이지 않는가. 가난과 맞서고 있는 사람들에게 진정으로 다가가는 것이 나의 사진이고 예술이다. 이것이야말로 내가 갈 길이다.'

민식은 한국 자선회의 사진사로 뽑혀 이 년 동안 일했습니다.

그리 길지 않은 기간이었지만 민식에게는 아주 소중한 시간이었어요. 가족들의 생계를 따로 걱정하지 않아서도 좋았고, 찍고 싶은 사진을 마음껏 찍을 수 있었으니까요.

"최민식 씨, 이번 달 사진은 어떻게 됐습니까?"

"아, 예. 방금 넘겼습니다."

민식은 옆 방을 가리키며 말했습니다. 하루에 거의 필름 열 통 정도를 어김없이 찍었고 그 가운데 잘된 작품 수백 점을 벌써 고른 뒤였습니다. 민식이 가리킨 방에는 타이피스트 수십 명이 타자를 치고 있었습니다.

타닥, 탁, 탁. 두르륵 두르륵 탁탁⋯⋯.

방 한쪽에는 자원봉사자들이 손으로 직접 수를 놓은 손수건이 언덕처럼 쌓여 있었습니다. 그러니까 타이피스트들이 새긴 엽서와 자원봉사자들이 만든 손수건에 민식이 찍은 사진을 모아 하나의 선물로 만듭니다. 그러고 나서 이 선물을 수많은 미국 가정으로 무작정 보낸 거지요.

여기 이 아이들을 보십시오.
헐벗고 가난한 한국의 아이들입니다.
여러분의 따뜻한 손길이 아이들의 밥과 옷과 책이 될 것입니다.
많은 성금을 기다리겠습니다.
한국 자선회.

미국 곳곳에서 1달러, 10달러, 어떤 때는 100달러짜리 돈이 담긴 봉투가 잇따라 자선회로 들어왔습니다.

그 돈으로 많은 고아들이 먹고, 입고, 배우는 혜택을 입었습니다. 하지만 얼마 못 가 이 성금들이 오는 길에 없어지는 일도 있었습니다. 누군가가 나쁜 마음을 품고 가운데서 돈을 슬쩍 빼돌렸습니다. 같은 나라 사람들끼리 서로 돕지는 못할망정 이런 서글픈 일이 있었으니 기가 찰 노릇이었죠.

그래서 소 신부님은 다른 방법을 찾았다고 합니다. 미국에 본부를 만들어 성금을 모으고, 다시 미국에서 한국으로 돈을 보내는 방법으로 말이죠. 이 원조금으로 부모 없는 아이들이 먹고, 자고, 공부했습니다.

한편, 한국 자선회에서 벌인 국제 원조를 비웃는 사람들도 있었습니다. 민식의 사진도 욕을 먹었습니다. 우리 아이들을 국제 거지로 만들어 외국에 팔고 있다는 비난이었습니다.

때는 바야흐로, 한국전쟁이 끝난 지 십여 년.

폐허가 된 땅에서 국민들은 허리띠를 졸라매며 이를 악물고 살았지만 정치인들은 온갖 부정과 부패를 일삼으며 권력을 사고파는 한심한 짓거리를 하고 있을 때였습니다.

따지고 보면, 한국 자선회에서 고아들 사진을 외국으로 보낸다는 것은 상당히 부끄러운 일이었습니다. 우리 나라 아이들을 우리가 제대로 보살피지 못해 잘사는 나라에 도와 달라고 손을 내미는 꼴이었으니까요. 하지만, 당장 굶고 있는 아이들을 위해서는 어쩔 수 없이 도움을 요청할 수밖에 없는 것이 현실이기도 했습니다. 이런 형편이었으니, 한국 자선회가 한 사업과 민식이 찍은 사진을 두고 옳았다, 글렀다를 함부로 말할 수는 없는 일이겠지요.

1962년.

민식이 자선회 일을 하며 한창 사진을 찍고 있을 때, 처음으로 국제 사진전에서 뽑혔다는 소식이 날아왔습니다. 바쁜 가운데서도 대만 국제 사진전에 작품을 낸 것이 결실을 맺은 겁니다. 어렵게 홀로 사진을 공부하며 얻은 결과라 그런지 대만에서 날아든 입선 소식에 민식은 조금 흥분

했습니다.

"조그마한 응답이 왔구나. 고생하는 식구들에게 그나마 얼굴이 서게 되어 다행이다. 내 일만 하느라 잘 보살피지도 못한 아이들에게 특히 말이야. 그래, 흔들리지 말고 내 갈 길을 가는 거야!"

 저는 예술을 할 뿐입니다

대만 사진전은 시작일 뿐이었습니다.

그 뒤로 최민식은 나라 안팎 많은 사진전에서 상을 받고, 또 잇달아 외국에서 개인 초청전을 열었습니다.

1964년 한국 국전 입선.

1966년 미국 'US 카메라' 사진 공모전 입선, 같은 해 프랑스 꼬냑 국제 사진전에서 시 명예상 수상.

1967년, 이 해부터 1987년까지 우리 나라 사진 잡지나 다른 월간지, 주간지에 민식이 찍은 사진 200여 점이 실렸습니다. 더구나 이 해에는 영국 〈사진연감 (Photograpy Year Book)〉에 '스타 사진가'로 뽑히는 기쁨도 있었습니다. 동양에서는 처음으로 민식의 작품 일곱 점이 특집으로 실렸지요.

나라 안팎에서 펼친 활동을 인정받아 이 해에 부산시 문화상도 받았습니다. 이때 민식의 나이 서른아홉이었지요. 그때까지 문화상을 받은 사람들 나이가 60대였던 것에 견주면 매우 놀랄 만한 일이었습니다.

그리고 1968년에는 처음으로 개인 사진집 《인간》이 동아일보사에서 나왔습니다.

또 일본 〈세계 사진연감〉, 영국 〈사진연감〉, 서독 〈국제 사진연감〉에 작품이 실리기도 하였고요.

71년, 미국 아이오와 주 디반보트 시립미술관에서 초청전이 열렸을 때는 사진 석 점과 함께 '위대한 사진가'로 큰 칭찬까지 받았지요. 이 초청전은 반응이 좋아 시민들의 요청으로 한 달 동안 더 이어졌습니다.

같은 해, 일본 동경 '니콘 살롱' 초청전과 1972년 동경 '펜탁스 갤러리' 초청전이 잇달아 있었습니다.

그런가 하면 1983년 서독의 수도 본의 'IFA 갤러리'에서 열린 개인 초청전은 대단했습니다. 그 지역 신문은 이렇게 보도했습니다.

"…… 작가 최민식의 사진은 우리네 서양인들의 눈에 진실을 전달해 주고 있다……. 사진이라는 국제 언어로 우리 독일인의 일상에 대하여 간접으로나마 상당히 많은 것을 말해 주고 있다. 언어라는 벽이 여기서는 전혀 걸림돌이 되지 않는다. 한 사람이 우리에게 많은 것을 전달하고 시도하고 있다. 우리는 지금 대화를 나누고 있다……."

이 전시장에 사진을 구경하러 온 사람들은 가지각색이었습니다. 무슨 전시회라고 하면 점잖은 사람들이 정장 치마와 신사복을 입고 나타날 것만 같습니다만, 길가에서 일하는 노동자, 주부, 대학생, 경찰, 회사원 그리고 시장도 섞여 있었습니다.

"전시가 끝나는 대로 저 사진은 제게 보내 주십시오. 영

광입니다."

한 독일 가정주부가 이렇게 말하며 손을 내밀자, 민식은 깜짝 놀랐습니다. 그 여성의 손이 농부 손처럼 억센 느낌이었습니다. 가족을 위해 한시라도 손에 물이 마를 날이 없던 그 옛날 어머니의 손처럼 말입니다. 하지만 민식이 정작 놀란 까닭은 자신의 거친 손을 부끄러워하지 않는 그 주부의 당당함이었습니다.

'이 세상에는 주어진 일에 최선을 다하며 열심히 살아가는 평범한 사람들이 대부분인가 보다. 이것이 삶의 진실이 아니고 무어란 말인가. 일하며 사는 사람들, 사랑하며 사는 사람들을 찍는 나의 사진에 내 인생을 바치리라. 그저 남들의 칭찬에 만족하는 것이 아니라, 진실을 캐묻는 일이야말로 인류 모두가 나서서 해야 할 것이다. 내 사진으로 더욱 성실하게 나를 표현하는 것만이 내가 할 일이겠지. 지금 아무리 힘들더라도 변함없이 말이야. 아무리 힘들더라도……'

그 뒤 민식은 미국, 일본, 독일, 프랑스를 비롯하여 스물

일곱 나라에서 이백스물아홉 점의 사진 작품이 뽑히고 실렸습니다.

하지만, 이즈음 민식이 겪은 고통은 이루 말로 다 할 수가 없었습니다.

외국에서 민식에게 초청전을 열자는 연락과 함께 비행기표를 보내 왔지만 정작 작가인 민식은 갈 수가 없었습니다. 정부에서 여권을 내주지 않았기 때문입니다.

"하필이면 조국의 부끄러운 모습을 외국에 팔다니, 이것은 이적행위입니다!"

민식은 외무부에 항의했지만 권력을 가진 자들은 끄떡도 하지 않았습니다. '최민식 사진전'을 연 나라에서도 우리나라 정부에 항의했지만, 그럴수록 민식에 대한 정부의 탄압은 더욱 교묘해지고 거세졌습니다.

민식이 정부의 끈질긴 감시로 고통을 받게 된 큰 계기가 있었습니다.

1974년에 있었던 울릉도 간첩 사건이었지요.

국민들은 울릉도에서 잡힌 간첩 이야기를 듣느라 신문과

방송에 귀를 기울이고 있을 때였습니다. 그런데, 이게 어찌된 일입니까.

작업복, 라디오, 가방, 라면, 칼, 수류탄…….

간첩이 가지고 있던 물건들을 빼앗아 국민들 앞에 모두 내보였는데, 거기에는 최민식의 사진집 하나가 끼어 있었지 뭡니까. 민식은 라디오를 듣고 있다가 가슴이 철렁 내려앉는 기분이었습니다.

'아, 이거 큰일 났군. 어떻게 해서 내 사진집이 거기 있나. 혹시, 전시회에 온 사람 가운데 하나가 아닐까. 내가 그 책에다 사인이라도 했다면 이거 문제가 커지겠는데. 고생깨나 하겠군.'

아니나 다를까, 민식은 당장 정보부로 끌려가 조사를 받아야 했습니다.

"당신 말이야. 이거 좀 똑똑히 보라구. 어떻게 된 사람이 만날 거지나 찍고, 고아들이나 찍고 말이야. 당신 사진이 북한 괴뢰군들에게 좋은 교과서가 되는 모양인데……. 이래서 되겠어? 이런데도 당신 사진이 이적행위가 아니고 뭐

란 말이오?"

이미 마음의 준비를 하고 있던 민식은 가지고 간 사진집을 정보부 관리 앞에 펼쳐 보였습니다.

"제 사진을 순수한 예술 작품으로 못 받아들이시나 본데……. 이걸 보십시오. 이 책이 말입니다. 워너비숍이라고 세계에서 인정받는 사진 작가의 작품집인데, 사진 예술이라는 것이 바로 이런 겁니다."

하지만 정보부 관리는 젊은 사진 작가의 말에 귀 기울이지 않았습니다.

공권력이라는 무시무시한 힘으로 민식을 못살게 굴었습니다. 비자를 내주지 않는가 하면, 대학 강의도 못 하게 하고, 모임에서 강의나 연설도 못 하게 했습니다. 신문사에 보낸 민식의 사진 작품과 글은 실리지 않았습니다. 늘 민식의 뒤에는 누군가가 붙어 다녔습니다.

한때 민식은 전업사를 차리기도 했습니다.

전기 공사에 필요한 도구나 장비들을 팔아 먹고살려 했지요. 처갓집 도움을 받아 겨우 차린 가게였지만, 이것도 곧 얼마 안 가 접어야만 했습니다. 민식의 가게만 집중으로 세금을 추적하는 바람에 가게를 유지하기가 힘들었습니다. 한마디로 사진을 못 찍게 아예 돈줄을 막아 버리겠다는 권력자의 유치한 수법이었습니다.

이적행위.

사전을 찾아보면 이적행위에 대한 풀이가 이렇습니다.

〈적을 이롭게 하는 말과 행동〉

민식의 사진은 가난한 서민들 삶을 담았고, 그 사진은 다름 아닌 우리 사회의 일그러진 모습이었습니다. 권력자의 눈에 민식의 사진은 진실을 담은 예술이 아니라, 일부러 사회를 고발하고 폭로하는 것으로만 비친 것이었지요. 더욱이 민식이 많은 고통을 겪은 시절은 군사 독재 정권이 오랫동안 권력을 휘두르던 시기였습니다.

1972년, 대통령 박정희는 평화통일과 민주주의를 위한다며 유신헌법을 발표합니다. 하지만, 이것은 박정희 대통령이 독재 정치를 더 하기 위한 도구였습니다. 여태 있던

헌법보다 더 무시무시한 힘을 가진 것이 이 유신헌법이었고, 이 법을 어기는 사람은 무작정 끌려가 모진 고문을 당해야 했습니다.

독재자는 누구나 귀한 생명으로 태어나 마땅히 누려야 할 자유와 권리마저 빼앗아 버렸습니다. 말하고, 생각하고, 함께 모이고 토론할 그런 자유를 말입니다.

많은 사람들이 군사 독재 정권에 맞서 따지고 싸웠습니다. 또 많은 사람들이 목숨을 잃기도 했습니다. 민식은 창작과 발표의 자유를 잃었습니다. 예술가에게 자신의 작품을 제대로 만들지 못하게 하는 것은 죽음과도 같은 고통이었습니다.

어느 날이었지요.

"최민식 선생, 함께 좀 가 주셔야겠습니다."

중앙정보부에서 온 지프차가 민식의 집 앞에 섰습니다. 새벽 두 시였습니다.

"아니, 오려면 대낮에 오든가. 남 자는데 이게 무슨 짓입니까?"

"파견대장님이 새로 오셨습니다. 좀 만나 주셔야겠습니다."

"이런 무례한 사람들이 있나!"

따져도 소용없었습니다. 민식은 억지로 지프차를 타야 했습니다. 다음 날 아침, 새로 왔다는 파견대장과 면담이 있었습니다.

"최 선생님, 이거 참…… 훌륭하신데, 사진이 자꾸 이북으로 넘어가니 좀 곤란합니다."

"도대체 어떻게 된 일인지 나도 기가 막혀 죽을 지경이오. 도대체 내가 무슨 죄를 지었는지나 들어 봅시다."

"거, 우리 나라 안 좋은 꼴만 잔뜩 찍어서 외국으로 보내야겠어요? 그러니 이북에서 좋다하고 박수치지 않아요? 당신 사진이 결국은 이북에 보탬이 되는 꼴인데 어째 잘못이 없다는 말이오?"

"사진은 진실을 쫓을 뿐입니다."

"거 좋은 사진도 많지 않습니까, 최 선생. 예쁜 여자 사진도 있고 좋은 풍경도 많은데 하필이면 꼭 이렇게 구질구

질한 것을 찍어야 할까요."

"저는 예술을 할 뿐입니다."

"예술? 예술 좋아하네!"

파견대장은 가난한 예술가를 달래고 달래다 듣지 않자, 아예 드러내놓고 민식을 비웃었습니다. 민식도 지지 않고 맞받아쳤습니다.

"아니, 예술이 왜 안 좋아요? 나는 예술가요!"

사진을 못 찍게 아무리 민식을 뜯어말려도 어쩔 수 없다는 것을 정보부에서 모를 리 없었습니다. 민식의 사진 작품은 벌써 여러 나라 대사관을 통해 곳곳으로 번져 갔고, 그 덕분에 초청전을 열자는 제의는 여러 나라에서 끝도 없이 밀려 왔으니까요. 하지만 정부에서는 민식의 작품 세계를 인정하기는커녕 감시의 눈길을 거두지 않았습니다.

그런데, 한참 조사를 받고 있는데 갑자기 파견대장이 자리에서 벌떡 일어나며 물었습니다.

"어, 당신 혹시…… 군대 있을 때 철도연대에 있지 않았어요?"

"그거까지 어떻게 아셨습니까?"

"당신…… 작전과 선임하사였지? 도표를 잘 그렸잖아. 글씨도 잘 쓰고."

그제야 민식도 기억을 해 냈습니다.

"아아, 철도연대 일대대장님이던……. 어떻게 여기에서 만나게 되다니요."

조금 전까지 서로 노려보며 살벌한 말을 주고받던 두 사람은 갑자기 얼싸안고 손을 내미는 등 새삼스럽게 인사를 새로 했습니다.

"세상이 이렇게 좁아. 그래, 당신이 작가가 됐어? 사진작가 최민식이 누군가 했어."

파견대장은 민식이 집으로 편안히 돌아가게끔 부하를 시켜 다시 지프차를 불렀습니다.

"이거 가져가서 팔아 써요. 필름 사는 데 돈이 솔찮이 들 텐데."

옛 상사이자 험난한 6·25 전쟁을 함께 겪은 전우이기도 한 파견대장은 다른 사람에게서 압수한 양주와 양담배를 상자 가득 채우더니 민식에게 선물로 주었습니다.

'산다는 게 뭔지 모르겠어. 허, 거 참.'

민식은 쓴웃음이 나왔지만 밀려 오는 서글픔은 어쩔 수 없었습니다.

영광과 고통이 함께 뒤섞인 시절이었지요.

 ## 당신, 간첩 아니오?

민식이 강원도로 사진 촬영을 떠났을 때였습니다.

몹시 추운 겨울 날 아침.

몸부터 좀 녹이고 일을 시작해야겠다 싶어 민식은 다방에 들어갔습니다. 어른들이 커피나 차를 마시며 이야기하는 찻집을 다방이라고 합니다.

"어서 오세요, 손님. 여기 난롯가에 앉으세요. 연탄불을 아까 피워서 아주 따뜻해요. 차는 뭘로……?"

"어어, 춥다 추워. 여기 쌍화차 한 잔요. 거, 강원도 바람이 여간한 게 아니네."

민식은 아가씨가 권하는 자리에 앉아 손을 쬐고 있었습니다.

"예에, 쌍화차 한 잔……. 잠시만요."

다방 아가씨가 말을 흘리며 자꾸 민식을 흘깃흘깃 쳐다보는 거였습니다.

원체 꾸미는 것을 싫어하는 민식은 어딜 가나 늘 편안한 작업복 차림으로 다녔습니다. 사진 작업을 하기에 더없이 편하기도 했고요. 하지만, 민식의 이런 어수룩한 옷차림이나 더벅머리가 다른 사람들에게는 그다지 달갑지 않았나 봅니다. 달갑기는커녕 나쁜 인상까지 심어 주었는지 어쨌는지 민식을 자꾸 쳐다보는 사람도 아주 많았습니다.

하도 많이 겪은 일이라 민식은 아무렇지도 않았습니다. 이 다방 아가씨도 마찬가지이겠거니 생각하며 주머니에서 담배를 하나 꺼냈습니다. 피식, 웃음이 나왔습니다. 그런데 이게 또 웬일입니까.

"꼼짝 마라! 손 들어!"

기다리던 쌍화차는 안 나오고, 총을 든 순경 여섯 사람이 느닷없이 다방 안으로 들이닥쳤습니다. 민식은 별로 놀라지도 않았습니다. 이런 일이라면 벌써 수십 번을 겪어 왔으니까요.

"추운데 손은 왜 듭니까?"

"간첩 신고가 들어왔습니다. 일단 경찰서로 가서 얘기합시다."

대장인 듯한 순경이 다른 순경들에게 고갯짓을 했습니다. 그러자 순경 몇몇이 와락 달려들더니 순식간에 민식의 가방을 빼앗았습니다.

"아, 이거 또 걸렸네, 또 걸렸어. 나는 사진 찍는 사람이란 말입니다. 보세요, 간첩인지 아닌지."

경찰서로 끌려간 민식은 주민등록증, 사진협회 회원증을 내보였습니다.

"이건 또 뭐요?"

"뭐긴 뭡니까, 사진 찍을 때 쓰는 망원렌즈지."

경찰들은 여기저기 연락해서 민식의 신분을 확인하고서야 서서히 의심을 풀기 시작했습니다. 벌써 두 시간이 흐른 뒤였습니다.

"이게 꼭 기관총같이 생겼으니 간첩으로 오해를 받지요. 뭐 하러 이런 걸 들고 다닙니까 그래?"

"아, 사진 찍는 사람이 망원렌즈 들고 다니는 게 죕니까? 사진도 내 맘대로 못 찍어요? 아까운 시간만 낭비하고 이게 뭡니까, 이게."

"죄송하게 됐습니다, 선생님. 자, 그만 일어나시죠."

하루 내내 기차 타고 버스 타고 해서 강원도까지 왔건만, 애꿎은 촬영 시간만 망치고 말았으니 민식은 어이가 없었습니다.

그래도 이번 경우는 나은 편이었습니다. 겨우 두 시간 만에 풀려났으니까요. 어쩔 때는 대여섯 시간을 실랑이하며 결국은 사진 촬영을 포기한 적도 많았습니다.

〈자수하여 광명 찾자. 간첩 신고 삼천만 원〉

1960, 70년대 우리 나라 곳곳에는 이런 포스터가 흔했

습니다.

  그만큼 간첩이 많았다는 말이며, 온 국민이 전쟁을 호되게 겪고 나서도 뭔가 불안에 떨며 살았다는 뜻도 됩니다. 아닌게아니라 이 시기 남한과 북한은 서로 헐뜯느라 정신을 못 차릴 정도였습니다. 왜 그런지 잠시 살펴볼까요.

36년 동안 일본의 식민지였던 우리 나라는 1945년 2차 세계 대전이 끝나면서 해방을 맞습니다. 선진국들은 이집트 카이로에 모여 '적당한 때'에 한국은 독립해야 한다는 회담을 엽니다. 이게 카이로 회담이었지요.

하지만 이때 세계 질서를 쥐락펴락하던 미국과 소련은 혼란스러운 한국을 당분간 둘로 나누어 통치해야 한다고 주장합니다. 그래서 북위 38도선을 기준으로 북쪽은 소련이, 남쪽은 미국이 우리 나라를 점령한 꼴이 되어 버렸습니다. 그 뒤로 소련과 미국은 자기들 입맛에 맞는 정부를 세우려고 서로 보이지 않게 싸웠습니다. 그게 1950년 6월 25일에 일어난 한국전쟁으로 이어진 것입니다.

미국과 소련, 두 강대국의 욕심 때문에 우리 땅에서 우리끼리 총을 겨눈 슬픈 전쟁이었습니다. 결국 전쟁을 잠깐 쉬자는 뜻으로 '휴전선'을 그으며 남과 북은 갈렸습니다. 그 뒤로 북한에는 소련과 뜻을 같이 하는 정권이, 남한에서는 미국과 뜻을 같이하는 정권이 들어서게 됩니다.

최민식이 간첩으로 자주 오해받던 그 시절은 박정희 대통령이 정권을 잡았을 때였습니다. 박정희는 영원히 대통령 자리에 있으려고 애를 썼습니다. 그러자면 국민들의 지지가 필요했습니다. 그때 지지를 끌어오기에 딱 좋은 게 간첩에 대한 두려움이었습니다. 소련과 북한이 다시 쳐들어오면 우리는 다 죽는다, 그렇기에 누구든 북한에게 찬성하는 자가 있다면 용서하지 않겠다는 말로 국민들에게 선전을 했지요. 실제로 그때 초등학교 교과서에는 북한 사람이 뿔 달린 악마로 나왔을 정도예요. 국민들은 한바탕 전쟁을 치른 뒤라 또다시 비극을 맞고 싶지 않았고, 무엇이 옳은지 그른지 판단할 틈도 없이 그저 독재자의 말이라면 벌벌 떨어야 했습니다.

민식은 떨떠름한 마음으로 다방으로 다시 돌아갔습니다.

"내가 무엇 하는 사람으로 보입니까?"

민식을 신고한 아가씨는 보이지도 않았습니다. 그냥 돌아서서 가려다 민식은 주인 아주머니에게 장난스럽게 한번 물어보았습니다.

"저, 실은…… 서울 청량리 역에서…… 드럼통 군고구마 장수처럼 보여요…….."

"그런데, 신고는 왜 하셨어요?"

"……."

다방 주인은 대답 대신 얼굴만 붉혔지요. 민식은 또다시 사진기 가방을 어깨에 메고서 다방을 나섰습니다.

하긴, 간첩 신고 한 번에 삼천만 원이라는 큰돈이 달렸으니 신고부터 하고 보자는 마음은 이해 못 할 것도 없었습니다. 이 시절은 민식뿐 아니라, 조금만 수상쩍은 차림새를 하고 다닌다거나 이상한 행동을 해도 간첩이라고 오해를 받던 때였으니까요.

민식이 이렇게 간첩이라는 오해를 받고 신고를 당한 일만 해도 백 번이 넘었습니다. 강원도뿐만 아니라 서울, 부산, 인천 같은 큰 도시는 말할 것도 없고 조그마한 시골에 가도, 바닷가 마을에 가도 신고를 당해야 했습니다. 더구나 남대문 시장, 서울역 앞, 열차 안에서 사진을 찍다가도 신고를 당했습니다.

'지긋지긋해. 언제까지 이런 수난을 당해야 하나. 같은 민족끼리 서로 못 믿고 원수처럼 지내다니, 세상에 이런 꼴불견이 또 있을까, 에잇.'

그런 날에는 민식의 마음이 한없이 무거워졌습니다.

방법은 오직 하나, 통일이 되는 길밖에 없었습니다. 그래야 어떤 곳이든 자유롭게 다니며 간섭 없이 마음껏 사진을 찍을 수 있을 테니까요. 이것은 민식을 포함한, 그 시절 사진 작가들의 한결 같은 바람이었습니다.

워낙 격식 차리는 것을 싫어하고, 꾸미는 것은 더더욱 싫어하는 성격 탓에 민식은 간첩 신고 말고도 우스운 일을 많이 겪었습니다.

한번은 부산시 문화상을 받게 되어 저녁 식사 모임에 초청을 받았습니다. 여느 때와 다름없이 헐렁한 점퍼 차림에 카메라 가방을 메고 마악 고급 식당으로 들어가려던 참이었지요.

"어이, 여보쇼. 이런 곳에 들어오면 안 돼요!"

문 앞에서 안내하는 직원이 부리나케 달려와 민식을 밖

으로 밀어내는 거였습니다.

"저, 여기 꼭 들어가 봐야 됩니다."

우스갯소리를 곧잘 하는 민식은 굳이 목소리를 높이지 않았습니다. 또 이런 일이 생겼구나 싶어 이제는 농담할 여유까지 생길 정도였지요.

"에헤이, 좋은 말로 할 때 나가요, 나가!"

"좀 있다 후회하실 건데요."

"무슨 소리야, 지금 이 사람이!"

그제야 이런 실랑이를 멀리서 보고, 민식을 초대한 국장이 달려왔습니다. 그때서야 주인공 대접을 받았지요.

또 한번은 어떤 회사 사장과 만나기로 약속을 했습니다. 마침 먼저 와 있던 일본인 몇 사람과 마주앉아 사장을 기다리는데, 비서가 차를 내왔습니다. 그런데 어찌된 일인지 비서는 민식만 빼고 나머지 사람에게만 차 대접을 하는 것이었습니다. 보나마나 민식의 옷차림을 보고 손님이 아니겠거니 했겠지요.

더 심한 경우도 있었습니다. 대학생들에게 강의를 하러

대학으로 들어가려는데 수위 아저씨가 두 손을 흔들며 돌아가라는 손짓을 하였습니다. 못 본 척하고 들어서려니,

"어딜 들어와, 잡상인 출입금지요!"

이런 호통까지 들어야 했습니다.

'왜 겉모습으로 사람을 평가하지? 사진 찍는 사람이 사진 찍기 편한 옷을 입으면 됐지, 꼭 신사복에 넥타이를 매야 하나, 참 나.'

"당신 혼자 사는 세상이 아니잖아요. 예의를 갖출 때는 갖춰야지요."

어느 날, 민식은 아내의 충고대로 양복 한 벌을 샀습니다. 하지만 한 번도 입어 보지 못하고 아들에게 고스란히 물려주고 말았습니다.

 ## 태종대 자살바위에 오르다

여느 때와 다름없는 이른 아침이었습니다.

민식은 사진기와 필름을 가방에 챙겨 넣으며 아침 밥상을 기다렸습니다. 오늘은 완행열차를 타고 구포, 삼랑진을 지나 김해까지 가 볼 생각이었어요. 완행열차 안에서 찍는 사진도 민식의 단골메뉴 가운데 하나였습니다.

새벽장에 가는 할머니들이 호박이며 나물거리를 머리에 이고 완행열차를 타고 내리는 모습, 주름투성이 얼굴을 마주보고 서로 속삭이며 웃는 모습은 생각만 해도 평화로움 그 자체였습니다.

민식의 머리에는 오노레 도미에가 그린 〈삼등 열차〉가 떠올랐습니다.

온통 좁고 어두운 열차 안이지만, 사람들 얼굴에는 살고자 하는 생기가 돌고 따뜻함이 있습니다. 전체 분위기가 슬픈 듯하지만 결코 슬프지 않은 그림이지요. 그것은 그림을 그린 사람이 가난한 사람들의 삶에서 인간이 지닌 건강한 모습을 보았다는 뜻이었습니다.

"여보, 뭐 해? 밥이 좀 늦네. 새벽기차 타려면 시간이 빠듯한데."

민식은 오늘따라 왠지 도미에의 〈삼등 열차〉처럼 근사한 작품을 하나 찍을 수 있을 것 같았습니다. 그래서 조금 들뜬 목소리로 아내를 불렀습니다만, 아침 준비를 하는 아내에게서 아무런 대꾸가 없었습니다.

"어떡하죠, 여보. 집에 쌀이 떨어져서……."

"……."

민식은 아무 말도 할 수 없었습니다. 이런 일이 처음은 아니었지만, 오늘따라 한껏 부풀었던 마음이 순식간에 부끄러워졌습니다. 민식은 사진기 가방을 제쳐두고 밖으로 나갔습니다.

집에서 가까운 가게로 가서 우선 라면 한 상자부터 샀습니다.

"며칠 안으로 갚겠습니다. 외상으로 좀 달아놔 주세요."

학교 가는 아이들이 뭐라도 먹고 가야 할 것 같았습니다. 아들 셋, 딸 하나. 민식은 네 남매를 둔 아빠였으니까요.

민식은 그날, 구포로 완행열차를 타러 가는 대신 바다 쪽으로 갔습니다. 이른 겨울바람이 제법 매서웠고, 민식의 발걸음은 한없이 무거웠습니다.

이십여 년 전, 청년 민식은 일본으로 가서 그림 공부를 하겠노라고 무작정 밀항선을 탔습니다. 바로 여기, 영도 앞바다에서 말이지요.

민식은 태종대 자살바위 위로 올라갔습니다.

스물 몇 살 그때에 견주면 지금은 사진 작가로 어느 정도

자리를 잡아 가고 있었지만, 마음은 열 배 스무 배 더 무거웠습니다.

'내가 너무 이기적인 건 아닐까. 나 때문에 식구들까지 고생이 말이 아니야. 어린 자식들이 배를 곯고 있는데 나는 사진에만 빠져 있었다니!'

울긋불긋 솟은 바위 밑으로 시퍼런 바다가 끝도 없이 펼쳐져 있었습니다. 민식에게 이리 와 보라고 손짓하는 것은 넘실대는 파도뿐이었습니다. 찬바람이 몰아칠 때마다 민식은 가슴이 쪼개질 듯 아렸습니다. 애써 노력했던 그 모든 것들이 한순간에 다 허무해졌습니다.

사진가의 길을 걷는 것과 현실에서 남편과 아버지로서 책임을 다 한다는 것. 민식에게는 이 두 자리를 한꺼번에 이어나가는 것이 늘 고통이었습니다.

그 동안 민식은 누가 뭐래도 참 열심히 사진을 찍었습니다. 그 결과 크고 작은 상은 말할 것도 없고 나라 안팎에서 많은 전시회도 열었습니다. 그만큼 자신의 작품 세계를 인정받았다는 말이었습니다. 하지만, 민식은 늘 경제적인 어

려움에 시달려야 했습니다. 쌀 들여놓으면 연탄 떨어지고, 연탄 들여놓으면 쌀 떨어지는 삶이 되풀이 되었습니다.

첫 사진집 《인간》이 나온 뒤, 작품집도 꾸준히 나왔지만 정부에서 판매금지라는 딱지를 붙여 책을 못 팔게 했습니다. 강연이나 강의도 마음대로 하기 힘들었고 장사를 하려 해도 늘 방해를 받아 실패를 맛보았습니다.

거기다 같이 사진을 찍어 오던 동료들도 민식을 멀리하였습니다. 정보부에서 시도 때도 없이 민식을 감시하였기 때문에, 동료들은 혹시라도 불똥이 튈까 봐 걱정을 했던 거지요.

그렇다고 민식은 사진을 포기해야겠다고 생각한 적은 한 번도 없었습니다. 오히려 그럴 때마다 마음을 다잡고 더욱 사진에 열중해 왔습니다. 그러나 어느새 민식의 몸과 마음은 지칠 대로 지쳐 버렸습니다.

민식은 자살바위 꼭대기에 서서 먼 곳을 바라보았습니다. 하늘과 땅이 처음 생길 때부터 이미 깎여 버린 듯한 절벽, 큰 바위 구석구석에 뿌리를 내린 소나무들, 악착같이 몰아치는 파도……. 민식은 가벼운 돌멩이처럼 그냥 바다로 뛰어들고 싶었습니다.

'그 동안 내가 한 짓은 다 무어지? 무엇을 위해 사진을 찍어 왔단 말인가? 이 끝도 없이 지긋지긋한 고통들은 또 무엇이란 말인가? 나 때문에 고통받는 식구들은 어떻게 하지? 내가 할 수 있는 일은 무엇이란 말인가?'

민식의 마음속에서 그 동안 눌려 있던 질문들이 끝도 없이 튀어나왔습니다. 그럴수록 민식은 세상 사람들에게 가슴이 터지도록 외치고 싶었습니다.

그래, 나는 사진에 미쳤다!

도저히 견딜 수 없어 홀로 인간을 찾아다녔어.

끝없는 시도와 발광을 했고, 내가 촬영한 모든 사진은 나의 사진일 뿐이야!

이것이 내가 살아 있다는 증거다!

죽어 다시 태어난다 해도 나는 사진을 찍을 것이다!

불행이여, 나를 실컷 조롱하여라!

세상의 모든 것이여, 다 나를 떠나 버려라!

오히려 신께 감사하며 그 불행의 한가운데에서 나와 같은 인간을 만나고 또 만나리라!

민식의 눈에서 어느새 눈물이 흘러내렸습니다.

"끼룩, 끼룩, 끼리리릭."

이른 겨울 바다 위를 날던 갈매기 서너 마리가 민식의 머리 위를 지났습니다. 순간, 아이들의 얼굴이 하나하나 차례로 떠올랐습니다. 유도, 유진, 유철, 유경. 그리고 아내의 얼굴까지.

거침없이 하늘을 함께 날아가는 새들이 부러웠습니다.

민식은 문득 고개를 돌리다가 그제야 옆에 다른 사람이 서 있었다는 것을 알아차렸습니다. 스물대여섯쯤으로 보이는 한 아가씨가 거센 바람을 피할 생각도 않고 바위처럼 서 있었습니다. 아가씨 얼굴에 핏기라고는 하나 없었습니다. 민식은 아차 싶었습니다.

'안 돼, 저 이는 지금 굉장히 위험해!'

민식의 직감은 어긋나지 않았습니다. 민식이 이때 아가씨를 말리지 않았더라면 젊은 아가씨는 금방이라도 바다에 뛰어들었을지도 몰랐습니다.

민식은 우선 사람부터 살려 보자는 생각에, 자신에게 있었던 일조차 잠깐 까먹고 말았습니다.

"아가씨, 추운데 여기서 뭐 하십니까. 저하고 어디 따뜻한 다방에 가서 잠깐 커피라도 한 잔 하시지요."

죽으려고 작정한 아가씨가 민식이 건네는 말에 순순히 따를 리 없었지요. 하지만 민식은 아가씨를 떠밀다시피 해서 자살바위를 함께 내려왔습니다.

"이거 놓으세요. 아저씨가 왜 남의 일에 참견하세요? 누구세요, 도대체?"

"추울 때는 따뜻한 차가 좋아요. 젊은 친구가 함부로 그런 생각을 하면 쓰나. 자, 어서 내려갑시다."

민식은 아가씨에게 겨우겨우 물어 전화번호를 알아내고 몰래 아가씨네 집으로 전화를 걸었습니다.

"당신이 어떤 어려움을 겪고 있는지 모르지만, 나도 힘들고 지쳐서 자살바위에 올라갔던 길입니다. 마음 한구석에 슬픔의 텃밭 같은 것을 가꿔 보지 못한 사람은 인생의 참뜻을 모른다지 않아요. 지금 이 고통을 이겨내면 반드시 환한 날이 올 것이라 믿어요."

민식이 아가씨에게 들려준 말은 자기 자신에게 하고 싶은 말이었는지 모릅니다.

그러는 사이, 서울에서 아가씨의 부모가 부산으로 서둘러 내려왔습니다. 혹시나 아가씨가 모진 마음을 먹고 다시 자살바위로 올라갈까 봐 이런저런 이야기로 아가씨를 지키고 있던 민식은 이제 홀가분해졌습니다.

민식도 집으로 돌아가서 모든 것을 다시 시작할 작정이었습니다.

"최 선생님, 우리 외동딸을 살려주셨습니다. 부디 조그마한 성의를 받아주십시오."

서울에서 온 아가씨의 아버지가 돌아가려는 민식을 붙잡았습니다. 선뜻 민식에게 내놓은 것은 후원금이었습니다.

"……"

뜻밖이었습니다. '인간사 새옹지마'라는 말이 이럴 때 들어맞는다고나 할까요.

죽으려고 찾아간 곳에서 죽음 앞에 선 다른 생명을 구한 사실은 민식에게 여러 가지 의미가 되어 되돌아왔습니다.

 ## 임세바스틴 신부를 만나다

　민식의 작품 활동은 점점 무르익어 갔습니다.

　그렇다고 시련 또한 쉽게 누그러들지 않았습니다.

　민식은 산동네에 있던 조그만 집마저 은행에 담보로 잡혔습니다. 융자를 받은 돈으로 사진집 《인간》을 이어서 펴냈습니다. 그러나 애써 펴낸 사진집이 잘 팔려서 창작에 보탬이 되기는커녕 정부 감시만 더 끈질겨졌습니다.

　늘 따라다니는 말은 역시나 '이적행위'였습니다. 우리

나라의 부끄러운 모습을 외국 사람들에게 보여 주는가 하면, 나아가서 북한을 이롭게 한다는 말이었습니다. 지긋지긋하게 들어 왔던 말이지만 도대체 언제까지 또 들어야 할지 민식은 분통이 터질 것만 같았습니다.

민식은 다짐했습니다.

"이 나라가 민주화가 되지 않으면, 내 작품 생활도 더는 없어!"

민식은 1975년 2월 민주회복 국민회의 부산지부 결성에 참여하였습니다.

그때까지도 박정희의 독재 정치는 이어졌습니다. 오직 경제개발만이 우리 나라가 살 길이라고 외치면서 온 국민들의 눈과 귀와 입을 막았습니다. 제대로 듣지 못하게 하고, 말하지 못하게 하고, 함께 모이지 못하게 막았습니다. 조금이라도 정부를 반대하는 사람들은 소리소문 없이 감옥으로 끌려가거나 의문의 죽음을 당하기도 했습니다.

하지만 이에 주눅들지 않고 수많은 노동자, 농민, 학생, 지식인들이 억눌린 자유와 존엄성을 외쳤습니다. 데모와 항의 시위가 끊이질 않았습니다. 옳지 못한 일에 분노를 터뜨리는 일은 인간이 가진 본성이었기 때문입니다.

민주회복 국민회의 부산지부도 독재 정권에 반대하는 모임 가운데 하나였습니다. 이 모임에 예술인으로는 시인 한 사람과 사진 작가 최민식, 두 사람뿐이었습니다. 그만큼 군사 정권이 휘두르는 권력은 강했고 그 앞에 모두가 몸을 사릴 때였습니다.

그 즈음에는 다른 사진가들이 민식을 두고 쑥덕거리는 일도 잦았습니다. 선후배들도 민식을 멀리했습니다.

"최민식의 사진에는 원근감이 없어. 거기다 늘 같은 소재만 찍으니 새로운 것도 없고 말이야. 이제 최 작가의 작품은 거의 끝까지 온 거 아냐?"

옆에서 알아주는 사람 하나 없이 외톨이로 지내는 것은 여간 힘든 일이 아니었습니다.

민식은 친구와 함께 기획사를 차리기도 했습니다. 하지만 얼마 못 가 또 문을 닫아야 했습니다. 민식이 통 장사에 소질이 없는 탓인지 그림을 도안해 주거나 인쇄를 맡기러

오는 손님은 거의 없었습니다.

네 아이의 아버지이기도 한 민식의 생활은 좀처럼 나아질 기미가 보이지 않았습니다. 이를 악물고 찍어 온 사진이 돌덩이처럼 민식의 가슴을 짓눌렀습니다.

바로 그 무렵이었습니다.

경상북도 왜관에 있는 분도출판사에서 민식에게 보자는 연락이 왔습니다.

"유신 정권의 온갖 박해 속에서도 당신의 작품은 소외된 이웃들의 고통과 아픔을 생생하게 증언하고 있습니다. 사회 부조리와 부정을 끊임없이 고발하는, 당신의 인간애가 담긴 작가 정신을 높이 사는 바입니다."

민식을 부른 사람은 삼십대 중반의 임세바스틴 신부였습니다.

그 시절, 분도출판사는 김지하 시인의 《밥》이나 《해방신학》 같은 책을 펴냈습니다. 우리 나라의 민주화를 바란 많은 사람들이 이 책을 읽고 감동받았습니다. 그리고 거리로 나가 자유와 인간의 존엄성을 외쳤습니다. 이 책 때문에 김지하 시인은 잡혀갔고, 《해방신학》을 읽은 사람들도 잡혀가던 시대였습니다.

"잡아가는 사람들이 나쁘지, 좋은 책을 만드는 일을 결코 멈출 수는 없어!"

임 신부는 일 년 열두 달을 옷 한 벌로 지낼 만큼 검소한 성격에 이런 위험한 일을 꿋꿋하게 해 낼 만큼 신념이 굳은 사람이었습니다.

"우리 가톨릭에서 달마다 최 선생께 후원을 하기로 했습니다. 아무쪼록 좋은 작품 변함없이 생산해 주십시오."

세바스틴 신부는 민식에게 달마다 삼십만 원을 꼬박꼬박 보내 주었습니다.

그때 부산시청에서 일하는 공무원 월급이 삼만팔천 원이었다고 하니, 삼십만 원은 아주 큰돈이었습니다. 지금으로 치자면 삼백만 원에 가까운 돈이었습니다. 생활비에 보탬이 된 것은 말할 것도 없고 무엇보다 어려운 시기에 자신을 믿고 후원해 주는 사람이 있다는 사실에 민식은 가슴이 벅찼습니다. 그만큼 자신의 작품 세계를 인정받았다는 기뽐을 말로 다 할 수 없었지요.

　민식은 다시 사진 가방을 울러 메고 거리로 나갔습니다. 사진을 찍고, 찍고, 또 찍었습니다.

　찰칵!
　시내 한복판.
　전투경찰들은 방패와 곤봉을 들고 있고 시위대는 돌과 화염병을 들고 서 있다.
　하얀 정지선이 삼팔선처럼 중간에 그어져 있다.
　순간, 호각소리와 함께 전투경찰들의 군화발이 하얀 선을 마구 밟고 지나간다.
　짐승을 쫓는 사냥꾼처럼 시위대에게 돌진한다.
　대낮의 거리 한복판에서 사람이 사람을 쫓는다.

　찰칵, 찰칵, 찰칵.

민식이 정신없이 셔터를 누르고 있을 때였습니다.

"도망쳐!"

시위대 안에서 누군가가 다급하게 외치는 소리를 들었습니다.

민식은 오른손에 사진기를 든 채 뛰기 시작했습니다. 이럴 때 사진을 더 찍겠다고 망설이는 것은 아주 미련스러운 일이었습니다. 민식은 이미 겪어 봐서 알고 있었지요. 아니나 다를까 이번에는 전투경찰들이 사진을 찍는 기자들과 작가들 쪽으로 돌진해 왔습니다.

시위 장면을 찍을 때는 위험이 많이 따랐습니다. 경찰들이 쏘아 대는 최루탄 연기에 눈물 콧물 흘리는 것은 보통이었고, 군인들이 자동소총을 들이대며 시민들을 위협할 때는 할 수 없이 멀리서 망원렌즈를 써야 했습니다.

양심 있는 사람들이 우리 나라 민주화를 위해 거리에서 시위하는 장면은 사진 작가로서 빼놓을 수 없는 소재였습니다. 또한 이런 현실을 못 본 척할 수 없는 것이 예술가의 양심이기도 했습니다. 민식은 짬짬이 시위 장면을 사진기에 담았습니다.

찰칵!

그늘이 있는 거리 한 모퉁이.

아버지와 아들이 길바닥에서 낮잠을 자고 있다.

시커멓고 투박한 아버지 손이 대여섯 살 먹은 아이의 눈을 가려 햇볕을 막고 있다.

행여 아이가 놀랄까 봐 아버지의 억센 다리는 아이의 통통한 몸을 꼭 눌러 주고 있다.

찰칵!

부두. 잔잔한 바다를 바라보는 할머니.

할머니 등에는 더덕더덕 기워 만든 보따리가 무겁게 축 처져 있다. 오래된 머리 수건으로 귀밑까지 싸맨 채, 낡은 외투에 닳아빠진 고무신을 신고 바다를 보는 할머니.

무슨 생각을 하고 있을까.

찰칵!

자전거 한 대와 세 남매.

까까머리 중학생 아이가 신이 나서 자전거를 몰지만 비틀거린다. 큰형인 듯해 보이는 남자아이가 자전거 뒤에 붙어 비틀거리는 자전거를 꽉 잡아 준다.

큰형 등에는 아기가 엉덩이를 내놓은 채 형의 목을 꽉 쥐고 업혀 있다. 세 아이는 바지가 달랑 올라가 발목이 보이는 옷을 입었지만 표정이 밝다.

자전거 뒷자리에 양동이 하나를 단단히 묶었다.

아이들아, 세상 어디라도 헤쳐 가렴.

그렇게 힘을 합쳐 가렴.

찰칵! 찰칵! 찰칵!

민식은 하루에 삼만 걸음을 넘게 걸어 다녔습니다.

어른 걸음으로 만 걸음이라고 하면, 보통 십 킬로미터를 걷는다고 합니다. 민식은 하루에 꼬박 삼십 킬로미터 넘게 걸어 다니며 사진을 찍은 셈이었지요. 민식은 사진 가방을 메고 그렇게 가난한 사람이 있는 곳이라면 어디든지 찾아

다녔습니다.

'자신의 운명과 싸우고 있는 고독한 인간의 모습이야말로 내가 전하고 싶은 주제가 아닌가. 슬픔을 간직한 사람들이 내게 걸어와 눈물을 흘린다. 나는 허리를 굽혀 그들의 눈물을 닦아 주고 그들의 서러운 인생 이야기에 귀를 기울일 뿐이다. 겨우 사진 한 장일 뿐이지만 그 안에는 한 사람 한 사람의 귀중한 인생이 담겨 있다.'

사진은 철저하게 혼자 하는 일이었습니다.

민식은 홀로 자신과 이야기를 나누며 혼자 걷고, 혼자 생각하고, 또 사진을 찍기 위해 혼자 셔터를 누르고 또 눌렀습니다. 참 외로운 일이었습니다. 하지만 이렇게 찍은 사진이 많은 사람들에게 호소하며, 조용히 생각하게 하는 것이야말로 민식이 나눌 수 있는 행복이라고 생각하며 외로움을 이겨냈습니다.

민식은 한 달 내내 찍은 사진 가운데 백 점을 골라 곱게 다듬었습니다. 그리고 왜관에 있는 분도출판사로 가지고 갔습니다.

"작품에 주제가 있어요. 고생 많이 하셨습니다."

온 세계에서 보내 오는 책을 우리 말로 옮기느라 늘 바쁜 임 신부는 반갑게 민식을 맞아 주었습니다. 그리고 사진을 한 장 한 장 마치 기도하듯이 치켜들어 보면서 느낌을 말했습니다. 신부님의 격려를 듣는 순간, 민식은 그 동안 겪은 온갖 수모와 피로가 다 풀리는 것 같았습니다.

1982년, 민식은 가톨릭의 후원에 힘입어 작품집《인간》제4집을 펴냈습니다. 분도출판사의 세바스틴 신부는 작품집《인간》이 8집까지 나오도록 뒷받침해 주었습니다. 십년 가까이 생활비도 지원했습니다. 가난한 예술가 민식에게 큰 보탬이 된 것은 말할 것도 없었습니다. 믿고 격려해 주는 은혜에 보답하는 길은 열심히 작품 생활을 하는 길뿐이었습니다. 민식 또한 한눈팔지 않고 오직 사진에 몰두했습니다.

임세바스틴 신부님을 만난 것은 민식의 인생에서 결코 잊을 수 없는 인연이었습니다.

 ## 아버지, 가난을 팔지 마세요

뚜둑, 뚜둑, 뚝, 뚝…….

빗소리였습니다.

민식은 잠이 깼습니다. 시계를 보니 새벽 네 시. 아무리 애를 써도 더는 잠이 오지 않았습니다. 민식은 마루로 나갔습니다.

빗방울은 포도나무 이파리를 흔들고, 철쭉나무 가지에도 떨어졌다가, 마침내 민식의 작은 마당을 가득 채웠습니다.

세상이 멈춘 것 같이 조용해서 조금은 불안한 느낌마저 들었습니다.

"아버지는 가난한 사람들을 팔아서 자신을 자랑하려는 거예요. 딴 사람은 매스컴 안 타고도 얼마든지 좋은 일 하잖아요! 왜 자꾸 응하세요? 난 아버지가 그러실 줄 몰랐어요!"

민식은 낮에 딸에게서 들은 말을 떠올렸습니다. 아니, 잠을 자면서도 떨쳐낼 수 없어서 괴로웠습니다.

민식은 네 남매 가운데 외동딸 유경을 가장 아꼈습니다.

딸은 아버지가 신문이며 방송에 얼굴을 내밀고 같은 말을 되풀이하는 것에 불만을 품었습니다. 그리고 민식이 또 다른 잡지에 인터뷰 약속을 하자, 아까 낮에 아버지에게 불만을 퍼부은 것이었지요.

갑작스레 딸의 말을 듣는 순간, 민식은 정신을 차릴 수가 없었습니다.

"찾아오는데 막을 수는 없잖니."

겨우 한마디 대꾸했습니다. 딸은 더욱 아버지를 쏘아붙

였습니다.

"피하시면 되잖아요. 그건 위선이에요!"

민식은 잠시 멍해지는 기분이었습니다.

민식은 가난한 이웃들을 사진 속에 담는 것이야말로 자신이 세상에 태어난 까닭이라고 생각해 왔습니다. 조금이라도 가까이 다가가 그들의 표정을 살피는 일이야말로 민식이 인류를 위해 기꺼이 내놓을 수 있는 사랑이라고 생각해 왔습니다. 그런데, 어느 날 갑자기 후려치듯 쏟아진 딸의 말은 충격이 아닐 수 없었지요.

'내가 정말 가난한 사람들을 팔았던가?'

마루 끝에서 끝도 없이 떨어지는 비를 보던 민식은 서글픈 마음이 들었습니다. 여태 사진을 찍어 오면서, 자신의 사진이 인간의 진실을 캐낼 수 있다는 것을 단 한 번도 의심하지 않았습니다.

'유경아. 내가 찍는 피사체는 이 아버지가 간직하고 있는 또 다른 나의 모습이다. 너무나도 깊이 새겨져 돌이킬 수도 없고, 고칠 수도 없는 이 아버지의 모습이야. 네 아버지도 가난하고 배고픈 시절을 살아 온 한 인간이고, 또한 한순간도 거짓되게 살고 싶지 않은 평범한 인간일 뿐이다. 이해해 줄 수 없겠니?'

민식은 낮에 하지 못한 말을 마음속으로나마 딸에게 전했습니다.

'아버지는 행동하고 싶었다. 가난한 그들에게 이끌리는 내 마음을 피하거나 숨기고 싶지 않았다. 내 생각대로 세상을 살피고, 내 방식대로 이 시대의 어둠에 맞서고 싶었다. 그래서 그렇게 했을 뿐이다. 나는 내가 쏟을 수 있는 모든 힘을 다 바쳐 가난한 이웃들을 껴안았다. 그렇게 해서 내 마음속 빈자리를 채울 수 있었다는 것도 고백한다. 그 밖에 다른 흉내는 내기 싫었으니까.'

어느새 비가 잦아들었습니다. 쫄쫄거리는 소리와 함께 마당으로 모여 들던 빗물이 하수구 구멍으로 새어 나갔습니다.

민식의 입에서 저도 모르게 한숨이 나왔습니다.

민식은 알고 있었습니다. 사진이야말로 신이 자신에게 맡긴 신성한 심부름이라고까지 생각하였지만, 정작 식구들에게는 그 절대적인 사랑을 나눠 주지 못했다는 것을요. 딸은 29년 동안 참고 참아 온 분노를 터뜨렸던 것입니다.

민식은 마음이 아팠습니다.

그 동안 세상의 많은 사람들에게서 오해를 받고 고통을 겪어 왔지만 그럴수록 꼿꼿하게 자신의 뜻을 굽히지 않고 걸어 왔다고 자부해 왔습니다. 하지만 가장 가까이 있는 가족들을 설득하지 못했다는 자책감이 들어 민식은 잠을 이룰 수 없었습니다.

민식은 다시 어두운 방 안에 누웠습니다.

둘레가 너무나 고요했습니다. 민식의 심장만 고르게 울렸습니다.

멀리 골목에서 누군가를 부르는 소리가 들려 왔습니다. 신문 배달 소년이 담 너머로 신문 던지는 소리, 이고 나온 재첩국을 사라고 외치는 소리, 지나가는 사람의 구둣발 소리, 기침 소리…….

모두가 잠에서 깨어나고 있었습니다.
모두가 서서히 움직이고 있었습니다.
'아, 아직은 나도 살아 있구나!'
민식은 또 아침을 맞았습니다.

 **사진, 사진, 사진**

민식은 배낭을 꾸렸습니다. 인도로 갔습니다.

가방 안에 사진기 여섯 대, 필름 천 통을 챙겨 넣었지요. 한 달 정도 걸리는 촬영 여행이다 보니 장비만 해도 가방 하나가 꽉 찰 정도였습니다.

민식이 맨 처음 간 곳은 바라나시였습니다.

인도 사람들의 성스러운 신 시바가 살고 있는 도시, 그곳에는 갠지스 강이 흐르고 있었습니다. 강 한쪽에서는 죽은 사람을 불태우는가 하면, 화장하고 남은 재를 뿌리는 사람, 갠지스 강물로 몸을 씻는 사람, 기도하는 사람, 노래하는 사람……

찰칵, 찰칵, 찰칵.

살아가는 방법이 다를 뿐, 사람들은 어디서나 질기게 살아가고 있었습니다.

민식은 신 앞에서 욕심을 버리고자 애쓰는 사람들을 찍었습니다. 죽음 앞에서 살아 있는 사람들을 찍었습니다. 이 순간만큼은 잘난 체하지 않고, 남의 것을 탐내지 않고, 오로지 진실하게 자기 자신과 만나는 모습을 사진기에 담기 바빴습니다.

바라나시에서 다시 지프차를 타고 산간 마을로, 다시 작은 시골의 이 마을 저 마을을 찾아다니다 또다시 국경을 넘어 네팔까지.

민식은 쉬지 않고 지구촌 구석구석을 누비며 바쁘게 앵글을 돌렸습니다.

찰칵!

짐을 든 네팔 소년.

나무줄기로 엮어 만든 바구니에 긴 끈을 잇고, 그 끈을 머리 꼭대기에 올려놓은 채 웃고 있다.

열 살이 조금 넘어 보이는 소년.

헤헤, 사진 찍어서 뭐 하게요?

날씨도 이렇게 좋은데, 아저씨는 왜 그렇게 인상을 쓰세요?

내가 신기한가요? 나는 아저씨가 더 신기해요, 헤헤.

찰칵!

평범한 마을, 평범한 사람들.

시커멓게 때가 묻은 담벼락 밑에 모인 동네 사람들.

살아가는 사람들은 어디나 다 똑같다.

심각하기고 하고, 심각하지 않기도 한 이야기를 나누고 있다.

다정한 연인들이 어깨를 기대고 있는가 하면 노인과 아이들이 땅바닥에 그림을 그리며 놀고 있다. 트럭과 소가 사람과 함께 뒤엉켜 있지만 아무도 신경 쓰지 않는다. 평화롭다.

찰칵!

외발로 서 있는 가난한 사람.

한쪽 다리는 잘려 나가고 허술한 목발에 몸을 지탱하고 서 있다. 맨발의 한쪽 다리마저 앙상하다.

어깨에 짊어진 낡은 담요와 자루, 깡통 그릇을 손에 쥐고 어디로 가는 걸까. 개 한 마리가 아무 관심도 없다는 듯, 이 가난한 남자와 반대쪽으로 앉아 있다.

가난한 남자는 지금 어디론가 가는 길이다.

개는 길 한복판에 앉아 졸고 있다.

찰칵!

네팔의 걸인.

머리카락과 수염이 철사같이 제멋대로 뻗쳐 있다.

옷은 다 뜯어져 있다.

오늘 이 사람은 무엇을 먹고, 어디에서 잘 것인가.

찰칵!

통통배를 타고 갠지스 강에 다다른 사람들.

스물 남짓 되는 사람들이 비좁은 배 한 대에 모두 탄 채 놀랍고 신기한 눈으로 강을 내려다본다. 한눈에 시골 사람들이라는 것을 알 수 있다.

저 사람들은 성지 바라나시로 오기 위해 아끼고 아껴 모은 돈으로 배 삯을 치르고 몇 날 며칠이 걸려 이곳으로 왔을 것이다.

한 시라도 빨리 갠지스 강물을 얼굴에 끼얹으며 세상의 모든 죄를 씻고 용서를 구하고 싶은 사람들. 벌써부터 시바의 품에 안긴 듯 행복해 보인다.

찰칵, 찰칵, 찰칵.

민식은 돌아오는 대로 '인도 네팔전' 전시회를 준비했습니다.

그 동안 프랑스, 벨기에, 네덜란드 들을 비롯하여 곳곳

개인 초청전에서 선보인 사진을 정리하여 사진집 《인간》 제10집도 냈습니다. 전시회와 사진집 발간을 준비하는 짬짬이 또 다른 책을 쓰고, 대학으로 강의를 나갔습니다.

그리고 여느 때와 다름없이 아침이면 사진기를 메고 집을 나섰습니다. 비가 추적추적 내리는 날씨였지만 민식은 개의치 않았습니다. 우산을 받쳐 들고, 버스를 타고 자갈치 시장으로 갔습니다.

부산 남항을 따라 길게 늘어서 있는 자갈치 시장. 이곳은 동남아시아에서 가장 큰 어시장이자 부산을 대표하는 곳이기도 합니다. 이제는 남포동 정류소에 내리기만 하면 자갈치 시장까지는 눈을 감고도 갈 정도입니다. 그럴 만도 하지요.

1957년 일본에서 돌아와 부산에 살기 시작한 뒤로, 사십여 년 동안 민식은 자갈치 시장을 찾았습니다. 이제는 자갈치 시장 사람들이 민식을 친구로 생각해 줄 정도였으니까요.

그 자리에서 늘 그래 왔듯이 목청 높여 물건을 사라고 외치는 사람들, 주인과 흥정하며 물건을 고르는 사람들, 재빠르게 생선 배를 가르며 손질하는 사람들, 후루룩 국수로 점심을 때우는 사람들, 배를 타고 바다로 나가는 사람들, 항구로 들어오는 사람들……. 수십 년 동안 한결 같은 모습이지만, 사진을 찍는 민식의 눈에는 어제와 오늘이 똑같지 않았습니다.

자갈치 시장에는 비가 내리고 있었습니다.

민식은 비오는 시장 모습을 담고 싶어 건너편 빌딩 옥상에 먼저 올라갔습니다.

찰칵!

비를 막으려고 펼쳐 놓은 파라솔과 파라솔이 시장 끝까지 이마를 맞대고 서 있다.

파라솔 뒤쪽에는 파도치는 바다가 있다.

바다 반대쪽에는 사람들이 정신없이 물건을 사고판다.

비가 내린다. 파도는 멈추지 않는다.

사람들도 멈추지 않는다.

찰칵!

"오이소*오세요, 갓 잡은 도미 있습미더. 아지매, 싸게 해 드리께예. 일로 와 보이소*이리 와 보세요!"

두꺼운 비닐을 머리에 쓰고 손님을 부르는 젊은 아주머니. 좌판에 벌여 놓은 생선은 잘 팔리지 않지만, 그래도 목소리에 생기가 느껴진다. 눈에 띄게 웃음이 환한 이 아주머니는 사진기 셔터를 누르는 민식을 알아보고 인사를 건넨다.

"아이고, 선생님. 한 장만 찍으이소*찍으세요. 많이 찍지 마시고예! 호호호."

사진을 그만 찍고 돌아가려는데 어느새 비가 멎었습니다.

어디에서 비를 피하다가 나왔을까요. 아이를 업은 젊은 아주머니 하나가 재빨리 거리 한 귀퉁이에서 좌판을 벌리고 있었습니다.

찰칵!

벌써 여러 해 동안 생선을 얹은 듯한 소쿠리 서너 개.

아주머니는 손님을 놓칠세라 급한 대로 고등어를 이쪽저쪽에 올려놓는다. 한쪽에는 굵은 고등어 두 마리, 다른 쪽에는 좀 작은 고등어 세 마리. 엄마 등에 업힌 아기가 앞으로 쏠릴 것 같다. 아기는 좋다고 고개를 바짝 들고 마냥 웃는다.

찰칵! 찰칵! 찰칵!

"어서 오이소*오세요. 금방 잡은 싱싱한 물메기 있습미더*있습니다!"

"물미역 한 단 사이소! 소금에 치대가*문질러서 싹싹 빨아 초장에 찍어 무거*먹어 보이소. 맛이 기찹미데이*기찹니다. 아지매! 아지매! 이거, 안 사고 어데 갑미꺼?"

"리어카! 좀 가입시다*갑시다. 리어카!"

"소라, 멍게, 해삼, 개불. 엄는*없는 거 엄슴미더*없습니다. 아저씨예, 회 한 접시에 소주 한잔 하이소! 자연산 도다리, 광어, 우럭. 뭐 찾습미꺼*찾습니까? 일로*이리 와 보이소마!"

비 오고 바람 불어 움츠러들던 순간은 잠깐이었습니다.

비가 그친 자갈치 시장은 더욱 왁자지껄해졌습니다.

자신에게 주어진 생을 비켜가지 않으며 정직하게 살아가는 사람들. 건강하게 일을 하며 이웃과 함께 사는 사람들. 이 아름다운 사람들을 역사 속에 영원히 기록으로 남기는 것이 또한 민식의 일이었습니다.

민식은 사진기를 다시 추스르며 혼자 뚜벅뚜벅 사람들 곁으로 다가갔습니다.

어제도 그랬고, 오늘도 그러하고, 또 내일도 그럴 것입니다. 민식은 결코 걸음을 멈출 수 없었습니다.

인터뷰

선생님, 올해로 작품 생활 50년이 되었습니다. 느낌이 어떠신지요?

어떻게 흘러왔는지 모르겠습니다.

고통도 많았고, 영광도, 시련도 많았지요.

내 나이가 곧 여든이고, 오십 년 동안 사진을 찍어 왔으니 얼마나 많은 일이 있었겠어요. 지금은 행복해요.

올해, 오십 주년 기념 사진전이 서울과 부산에서 있을 예정이에요. 그 준비 때문에 조금 바쁘네요.

〈최민식 다큐멘터리 50년〉 이런 제목으로 책도 나왔고요.

오십 년 동안 내가 찍은 사진 가운데 가장 잘된 것, 삼백 점을 골라 책을 만들고 있어요. 그리고 쓰고 있는 자서전도 올해 나올 것 같고.

사진 작가의 길을 선택한 선생님의 인생에 만족하십니까?

나는 일본으로 공부하러 갔을 때, 헌책방에서 《인간 가족》을 본 뒤 사진을 택했고, 그 뒤 단 한 번도 내 길이 맞을까 아닐까 하는 생각을 해 본 적이 없습니다.

전에 이런 이야기를 한 적이 있어요.

"내 인생에 하나의 행운이 있다면, 그건 아마 내가 홀로 공부해서 사진에 미칠 수 있었다는 것이다. 내가 무수히 겪어 온 모든 불행에 대해 신께 감사하고 싶은 까닭도 여기에 있다. 사진만이 나를 구원해 줄 수 있다고 믿었고, 사진이 곧 나의 삶이고, 삶이 곧 사진이 되어 왔다. 내가 일생 동안 찍어 온 사진의 역사는 바로 내가 살면서 느낀 점을 정직하게 전하려 한 것이다."

이렇게 말입니다.

나를 오랫동안 뒷받침해 준 임세바스틴 신부님이 그러시더군요. "최 선생은 사진을 위해서 태어난 사람이다. 신이 당신을 선택했다."고요.

그럴지도 모르겠어요. 원래 화가가 꿈이었는데 바꾸길 잘한 것 같아요. 허허허.

선생님은 왜 평생 가난한 사람들만 찍으셨지요?

내가 가난하게 살았습니다.

예술이란 자신의 체험에서 나오는 것이니까요. 자기 스스로 쓰라린 경험을 했으니 그게 자연스럽게 주제로 흘러들어가게 되는 거지요.

리얼리즘을 추구하는 작가들은 세계 곳곳에서 이런 주제로 작업을 하고 있습니다.

다큐멘터리 작가들의 궁극적인 목표는 인류의 평화와 행복이니까요.

흔히 하는 말로 돈이 안 되는 일인데, 평생 해 오시면서 힘들지 않았습니까?

돈을 목적으로 하면 예술이 아닙니다.

그리고 사진뿐 아니라 문학이나 음악이나 미술…… 다 그래요. 어차피 고통과 시련이라는 본질은 다 같아요.

현실 기법이 다를 뿐이지. 문학은 문학의 기법이 있고, 사진은 사진의 기법이 있듯이요.

요즘은 너무 작품 생활을 쉽게 하려는 것 같아요.

무식해. 아니, 책 사서 보라는데 말을 안 들어요. 책 한 권에

만 원 이만 원인데 책을 안 사요. 몇만 원 주고 술은 잘 사 먹으면서.

팔아먹기 위해서? 이름 내기 위해서? 이러면 작품 생활 절대 못 해요.

이런 현실을 알고 달려들어야 되는데…….

힘들다고 안 하면 뭘 할 수 있겠어? 아무것도 못 하지.

가족들의 반대는 없었습니까?

물론 가족들이 애를 많이 먹었어요.

아내가 더욱 그랬죠. 안 해 본 장사가 없었어. 나중에는 일수 놀이까지 했을 정도니까. 장사도 못 할 사람인데, 나 때문에 고생이 많았지.

그래도 지금은 좋아해요.

다른 까닭이 있어서가 아니라, 내 나이 팔십이 다 되어도 건강하게 움직이니까. 허허허. 자식들도 다 자립해서 잘 살고 있고요.

아버지가, 남편이 이런 일을 하니 가난하게 살았지.

어떡하겠어? 받아들여야지. 내가 하는 일에 협조할 수밖에 없지, 뭐.

이것저것 생각하면 아무것도 할 수 없어요.

작품 생활 50년 동안 특별히 힘들었던 기억은 무엇입니까?

남들처럼 끌려가서 고문을 당했다거나 큰 일을 겪은 것도 아닌데 뭘. 군사독재 시절에 애를 좀 먹었어요.

사진은 찍을 수는 있었지만 모든 면에서 압력을 받았지요.

걸핏하면 정보부에서 불러들였지. 먹고 살려고 가게라도 하나 내면 세금추적을 지독히도 하는 바람에 아예 가게 문을 닫는 게 속 편할 정도였어요.

내가 사진을 못 찍도록 방해한 거였지. 하긴, 박정희가 새마을운동한다고 온 나라에 있는 초가집을 다 없애는 판국에 나는 그런 것만 구석구석 찾아다니면서 사진을 찍었으니 날 미워할 수밖에. 하하.

그리고 전두환 대통령 시절에는 내 이름이 삼청교육대 명단에 올랐어요. 한 보름 동안 어디 숨어 있다가 왔지.

그 밖에 특별히 애를 먹은 기억은 없어요.

선생님 사진에 대해서 조금 설명을 해 주신다면요?

내 일은 구상(연출)하는 것이 아니라, 발견과 동시에 기록을 하는 것입니다.

다큐멘터리라고 하지요.

사진을 머리 굴려 하는 것이 아니라 시대의 모습을 하나하나 찍어 나가는 거지요.

노무현 대통령을 찍으려면 무조건 청와대로 가야 돼요. 앉아서 생각만 한다고 되는 게 아니에요. 이런 의식을 가지고 소재를 열심히 찾아가면서 하는 거지요. 힘들다고 생각했으면 어떻게 했겠어요?

그저 오락이나 취미로 해서 상이나 받고, 시간 내서 몇 장 찍고……. 이건 사진 작가가 할 일이 아니에요.

굉장한 시련과 고통이 따라요.

오로지 집념을 가지고 꾸준히 다큐멘터리를 해 왔다는 것이 옆에서 인정해 주는 까닭이겠지요.

그런데 요즘 작가들, 다큐멘터리를 한다는 사람들도 이상하게 찍어요. 흐리게 하고, 조작하고……. 작가 정신을 잊어버린 것입니다.

내가 얘기해 줘도 귀담아 들으려고 하지 않아요. 안 들어요. 외국 가서 공부하고 왔다는 사람들, 사진 대학 나온 사람들 작품을 많이 보는데 사상(주제)이 없어요. 자기 세계가 또렷해야 하는데 그게 없어요.

선생님 사진은 모두 흑백입니다. 특별한 까닭이 있습니까?

칼라를 좋아하지 않습니다.

내 사진이 그리 화려하지 않으니 흑백이 더 낫고요. 그리고 내가 직접 암실에서 작업하니까 굳이 칼라를 쓸 일도 없고, 작품집 낼 때도 싸게 들어가지요.

어떻게 하면 인물 사진을 잘 찍을 수 있을까요?

인물 사진에는 연출 사진과 비연출 사진이 있어요.

인물을 찍는 것은 사진 작가들의 영원한 주제이기도 합니다.

그리고 찍기가 가장 쉽기도 하면서 또한 가장 어려운 것이 바로 이 인물 사진이에요.

인물이 뿜어 내는 감정을 충분히 표현하려면 반드시 연출하지 않은 순간을 잘 잡아내야 합니다. 비연출 사진을 찍는 데 아주 중요한 기법이 바로 스냅숏이지요.

우리 말로 '속사'인데 소형 카메라로 굉장히 빠르게, 순식간에 찍는 사진 기법이지요.

이걸 잘 찍기 위해서는 첫째, 발견을 잘해야 돼요.

딱 보고, 아, 저게 마음에 든다 싶으면 걸어가면서 벌써 결정을 내려야 해요.

물론 보는 눈이 있어야 발견이 잘 되겠지요. 관찰력입니다. 다른 사진들도 많이 감상하고 내가 왜 사진을 찍는가에 대해 늘 의식을 길러야 합니다.

모든 것이 하나하나 공부입니다.

둘째는, 탁 대면 바로 앵글을 돌려야 합니다. 엄청나게 빠른 속도로 말이에요.

예를 들어, 저기 사람이 있다 그러면, 벌써 몇 미리로 찍어야겠다는 생각을 해야 하지요. 저건 백 미리다, 네 사람이니 칠십 미리다…….

대상이 되는가 안 되는가 판단을 내리는 것과 더불어 서서히 앵글을 돌리면서 준비를 해야지요. 걸어가면서요.

이건 일부러 연출하는 것이 아니기 때문에 그래요. 대상은 사진 찍으라고 날 기다려 주지 않아요.

선생님은 인물 사진을 거의 정면에서 찍었는데요. 혹시 모델이 된 사람들이 불쾌하다고 하지는 않던가요?

사람이 저마다 가지고 있는 마음속 감정은 모두 정면에서 나옵니다.

무엇보다, 나는 서민들 모습을 찍어 왔어요.

다른 기교는 필요 없다고 생각해요. 브레송과 워너비숍 같은 세계적인 작가들이 정면을 고집해 온 사람들이지요.

나 또한 자부하고 있습니다.

그리고 누군가를 정면에서 찍을 때는 용기와 기동성이 필요합니다.

왜 찍느냐고 야단하는 사람이 더러 있었어요. 경찰에 고발하는 사람도 있었고. 이제는 이런 사람은 거의 없어요. 나도 기술이 늘어서 안 볼 때 빨리 찍기도 하고, 멀리 찍는 척도 하고……. 하하, 이런 거 저런 거 다 따지면 어떻게 사진을 찍겠어.

예술이란 무엇입니까?

예술은 근본적으로 인류의 평화와 행복을 위해서 하는 것입니다.

첫째는, 서정을 심어 주는 것이지요.

예술은 오락이나 취미가 아니에요.

겉으로 보이는 아름다움을 좇는 것도 아니고요. 돈을 위해서도 아닙니다.

둘째는, 정신입니다.

자기가 살아오면서 겪은 것을 표현하는 것이지요.

이런 것들을 왜 하느냐에 대한 자신의 생각입니다. 사상이라고도 하지요.

자신의 체험에 이런 사상이 더해져서 나오는 것이 예술인데, 우선 쓰라린 자기 체험이 없으면 할 수 없어요. 직접 체험한 것이 없으면 간접 체험이라도 해야지요. 음악 듣고, 책 보고…….

이런 정신이 없으면 예술 못 해요.

어린이들도 사진을 배울 수 있을까요?

배울 수 있어요.

열한두 살 정도부터는 괜찮을 거 같아요. 사진의 경우, 기법은 간단하니까. 아, 나도 사진하고 싶다. 자기 스스로 하고 싶다는 말이 나와야죠.

어린이들에게 들려주고 싶은 말씀이 있다면요?

자기가 하고 싶은 것을 집중해서 공부하세요.

운동을 좋아하면 운동하고, 그림을 좋아하면 그림을 그리고.

목표를 세워서 열심히 연구하는 게 좋아요.

그리고 책을 많이 읽어야 합니다.

얼마 전에 들은 이야기입니다만, 덴마크에서는 저녁 네 시간 동안 아예 텔레비전을 못 보게끔 정부에서 규제를 한다고 합니다. 요즘 아이들이 인터넷이다, 텔레비전이다, 오락이다……. 거기에 너무 빠지는 것 같아요.
책을 읽어야 합니다. 좋은 책을요.
어머니, 아버지가 시켜서 하는 일이 아니라 스스로 하고 싶은 일을 부모에게 말씀 드려 공부하고 연구하면 좋겠습니다.

많은 활동을 해 오셨습니다만, 선생님께 또 남은 계획이 있을까요?
올해 아프리카로 촬영을 떠나려고 준비를 했어요. 그런데 오십 주년 기념일 때문에 내년으로 미뤘습니다. 유니세프를 통해서 아프리카로 들어갈 거예요.
그리고 나 죽고 나면 사진집 천여 권을 포함해서 내가 보던 책 만 권 정도하고 온갖 사진 자료, 필름, 인화지, 원고……. 다 기증하려고 부산대학교와 약속했어요.
그리고 쓰고 있는 원고 《사진이란 무엇인가2》 이것도 마무리를 해야 하고요.

아직 먼 데는 잘 보이고 잘 걸어 다닐 수 있으니 더 사진해야지요. 허허.